까마테, 까마테! 까오라, 까오라!

지난 것에 연연하지 마라!
오늘을 받아들이고 넘어서라!
애초에 길은 없었다.
여기에 길이 있고 삶이 있을 뿐이다!

도전과 협력의 역동적 리더십

위기돌파 럭비 리더십

© 김익철, 2017

1판 1쇄 인쇄 _ 2017년 06월 20일
1판 1쇄 발행 _ 2017년 06월 30일

지은이 _ 김익철
펴낸이 _ 홍정표

펴낸곳 _ 세림출판
　　　　 등록 _ 제 25100-2007-000014호

공급처 _ (주)글로벌콘텐츠출판그룹
　　　　 대표 _ 홍정표 이사 _ 양정섭 편집디자인 _ 김미미 기획·마케팅 _ 노경민 이종훈
　　　　 주소 _ 서울특별시 강동구 천중로 196 정일빌딩 401호
　　　　 전화 _ 02-488-3280 팩스 _ 02-488-3281
　　　　 이메일 _ edit@gcbook.co.kr 홈페이지 _ www.gcbook.co.kr

값 14,000원
ISBN 978-89-92576-79-6 03320

위기돌파 럭비 리더십

도전과 협력의 역동적 리더십

김익철 지음

세림출판

하카 개정 3판을 준비하는 지금, 세상은 그 어느 때보다도 어려운 상황을 돌파 할 변화역동성의 에너지를 요구하고 있다.

지금의 시대는 흡사 럭비의 환경과 같이 불확실·불안정·불황이라는 3불의 그라운드가 눈앞에 펼쳐지고 있다. 정치·경제 전반에서 충격적인 사건들이 전개되고 내일의 예측은 암담하기만 하다. 비난과 책임은 넘치나 대안과 전략은 제공하지 못하는 시대, 무엇을 잡아야 할지 판단마저 내려 놓은 암울의 시대를 걸어가고 있다. 시대를 움직이는 새로운 패러다임이 지배하나 이를 정확히 정의하지 못한 채 원칙과 가치가 혼돈에 빠진 시대의 터널을 걸어가고 있다.

안으로 혼란, 밖으로 도전, 하카는 이런 시대를 위하여 존재하는 책이다.

오늘도 세계최강의 럭비 국가대표팀인 뉴질랜드의 올블랙스는 경기 전에 마오리족의 전통춤인 하카를 춘다. 불안과 불확실의 시간을 바라보며 그들은 외친다.

"까마테, 까마테! 까오라, 까오라!"

즉, 지나간 것에 연연하지 말며 지금 눈앞에 펼쳐진 현실의 삶을 넘어서겠다고 그들은 외친다. 그리고 그들은 오늘도 그라운드를 지배한다.

무기력과 불안의 시대를 넘어설 해법을 럭비가 품고 있는 시스템 철학에서 발견한다. 럭비에서 발견한 변화역동성의 원칙은 불안정한 경영환경 속에서 지속적 생존을 추구하는 한국기업과 삶의 불확실 속에서 중심을 구하는 개인들에게 상황을 돌파하여 새로운 시대를 열, 자신감과 희망을 제공한다.

이 책에서 제공하는 변화역동성의 5가지 원칙은 단순한 럭비의 원칙이 아니다. 인류사에서 번영과 명예를 남긴 개인,사회,국가의 공통된 원칙이다.

하카의 변화역동성 원칙은 냉정하고 강한 메시지이다. 단순한 힐링과 위로를 이야기하지 않는다. 변화 의지가 있는 개인과 조직에게 확신을 제공하고 미래의 희망을 제공하는 원칙이다.

이번 개정판에서는 하카가 럭비의 가치에서 추출한 변화역동성의 원칙을 기초로 다음과 같이 구성되었다.

- 환경역동성 Progressive 환경에 대한 긍정과 극복

- 방향역동성 All for one 지향방향의 명확화와 몰입

- 가치역동성 One for all 나를 넘어 세상을 섬기는 존재가치의 성숙성

- 실행역동성 Go forward 도전과 창조가 만들어가는 실행력

- 관계역동성 No side 분열과 갈등을 넘어 하나가 되는 성숙한 관계

- 성장을 넘어 성숙으로: 변화역동성 원칙 적용을 통한 성장과 성숙의 조화

부디 대한민국이 지금의 혼란과 위기를 극복하여 새로운 희망을 맞이하고, 넘치는 탐욕과 천박성을 극복하여 성숙되기를 바랄뿐이다. 그리하여 100년이 지나도 대한민국이란 이름이 후손의 가슴에 역동적 이름으로 살아 숨쉬길 바랄뿐이다.

2017년 1월 경안천 우거에서

김익철 배상

실행역동성 Go forward: 멈추면 죽는다! - 克世拓道

관계역동성 No side: 하나의 본질로 돌아가라! - 和而不同

성장을 넘어 성숙으로

21C의
럭비형
패러다임

럭비 패러다임시대의 생존전략

편지

    내가 장 감독으로부터 연락을 받은 것은 중국 출장을 다녀온 다음 날이었다. 밀린 결제를 처리하다 잠시 숨을 돌리기 위해 창가로 일어나 걸어갈 때 문을 노크하는 소리가 들렸다.

노크소리와 함께 여직원이 가져온 것은 발신처가 강원도인 택배박스였다. 그 속에는 색이 바랜 럭비공 한 개와 편지 한 통, 그리고 하카댄스라고 적힌 USB 한 개가 들어 있었다.

미소를 지으며 럭비공을 어루만지다가 창가로 의자를 옮겨놓고 천천히 편지를 개봉했다. 그 속에는 또박또박 써내려간 장 감독의 편지가 들어 있었다. 나는 설레는 마음으로 편지를 읽어 내려가기 시작했다.

강태산 이사님 보십시오.

그동안 잘 지내셨는지요.

가끔 들려오는 강 이사의 건투 소식은 저를 기쁘게 합니다.

우리가 만난 지 벌써 10년이 다 되어 가는군요. 그래도 가끔씩 전화를 통해 서로의 근황을 나누었기에 시간이 그리 길게 느껴지지 않으니 다행입니다.

얼마 전에 저는 강산고 감독을 후배에게 물려주었습니다. 강 이사님도 아시는 분입니다. 한때 마을 클럽인 동강클럽에서 마음고생을 단단히 했던 저의 제자, 이욱 코치입니다. 누구보다도 럭비의 마인드를 잘 이해하고 있기에 그를 믿고 감독직을 제안했습니다. 이제 물러나 나의 인생을 되돌아 볼 때가 된 것 같습니다. 참으로 재미 있는 인생이었지요.

강 이사님과 만났을 무렵 강산고에서 운동했던 동호를 비롯한 많은 선수들이 다행히도 원하는 대학에 무난히 진학하고 자신들의 길을 잘 찾아가고 있습니다. 럭비에서 배운 역동성의 가치로 투지 있게 살아가는 그 아이들은 내 인생의 가장 큰 보람입니다. 결코 내 인생이 헛되지 않았다고 그 아이들의 모습이 저에게 말해줍니다.

이욱 코치에게도 자주 강조합니다. 아이들에게 몸의 승리를 가르치지 말고 정신의 승리를 가르쳐서, 인생을 투지 있게 살아갈 정신을 키워서 내보내라구요. 다행히도 저보다 더 열정적으로 정신이 중심이 된 럭비를 지도하고 있습니다.

요즘은 시간여유가 생겨서 좋지만, 함께 막걸리를 마시며 이야기할 친구가 근처에 없으니 조금은 허전하기도 합니다. 우리 마누라는 술이라면 딱 질색을 하는 바람에 같이 할 수도 없고 말입니다. 기억나시죠? 그 우체국 골목에 있던 욕쟁이 할머니집에서 막걸리를 마시며 럭비 이야기를 나누던 시간 말입니다.

USB를 함께 보냅니다. 생각나시죠? 우리 아이들이 신나게 추던 하카춤을요. 원조인 뉴질랜드 올블랙스의 하카댄스영상이 있어서 이욱 코치에게 복사를 부탁해서 보냅니다. 뜨거운 열정의 에너지를 느껴보시기 바랍니다.

나는 장 감독의 편지를 잠시 내려놓고 동봉한 USB를 꺼내서 노트북에 작동을 시켰다.

경기장의 뜨거운 함성과 함께 카리스마 넘치는 올블랙스 멤버들의 모습이 눈에 들어왔다. 그들이 뿜어내는 힘찬 구호와 세레모니, "까마테, 까마테! 까오라, 까오라!" 가슴을 뛰게 하는 그들의 에너지 넘치는 소리는 나로 하여금 그동안 잊고 지냈던 지난 시간의 추억 속으로 빠져들게 하고 있었다.

회상

내가 강원도의 작은 도시인 영월을 찾아 들었던 것은 30대 초반이던 10여 년 전 가을이었다. 어쩌면 그것은 운명적으로 예정된 나의 경로였을지도 모른다.

나의 20대는 청운의 꿈을 품고 고시에 매달리던 시간이었다. 잡힐 듯 잡히지 않는 고시합격의 꿈은 나를 더욱 초조하게 하였고, 주변의 기대와 나보다도 못하다고 느끼던 동기들의 합격은 나를 더욱더 초조하게 하였다. 그 와중에 대학시절부터 오랫동안 내 곁에서 나를 지지하던 여자친구의 얼굴에도 그늘이 드리워지고 있었다. 혼기가 찬 그녀를 쳐다보는 주변의 시선은 그녀의 얼굴에 그림자를 만들고 있었다.

가장 소중한 사람마저 잃고 싶지가 않았다. 결국 우리는 현실의 부담감을 안은 채 결혼생활을 시작하였다. 막연한 사랑과 책임으로 시작한 결혼은 더욱더 나를 되돌아 갈 수 없는 막다른 길로 몰아가고 있었다.

결혼 후 일 년이 지나던 해, 부모님과 아내에게 더 이상 부담을 주지 말자는 생각에서 신기루 쫓듯이 걸어왔던 고시의 꿈을 접었다. 꿈과 좌절속에서 피폐해진 한 인간이 30초반의 나이가 되어 세상문턱 앞에 서있었다.

취업을 위하여 여기저기에 원서를 냈지만 취업난의 시대에 나이가 꽉 차고 사회경험도 없는 나에게 호감을 보내는 기업은 어디에도 없었다. 꿈의 포기와 취업의 좌절은 나의 삶을 무기력으로 몰고 갔다. 한동안 아무것도 할 수가 없었다. 사람들과 만나는 것조차 두려워 모든 연락을 끊은 채 은둔의 시간을 보냈었다.

내 앞에 펼쳐진 현실을 도저히 받아들일 수가 없었다. 항상 타인의 부러움과 기대에 찬 시절을 보냈던 내가 어째서 이런 참혹한 결과 속에 던져졌는지 이해할 수도 용납할 수도 없었다.

햇살은 얄밉도록 눈부시고 하늘은 태연자약하게 푸르른 날들이었지만, 술에 절어 인적이 없는 공원의 벤치에 앉아 있노라면 눈가에 눈물이 맺히곤 하였다. 그럴수록 나는 내 앞에서 벌어지고 있는 이 당황스런 현실을 직시하고 인정하기가 어려웠다. 이 모든 것이 꿈이길 바랐다. 술이 깨면 이것이 꿈이 아니라는 것을 깨달으며 가슴을 후비는 고통 속에서 하염없이 눈물을 흘리곤 하였다. 지금 돌이켜보아도 어둠의 막막 그 자체의 시간이었다.

　그렇게 참담한 삶의 풍경 속에서 어둠의 질곡 속에서 헤매고 있던 초가을 날, 고등학교 시절 절친했던 동영이가 찾아왔다. 친구의 출현도 당시의 나에게는 부담스런 상황이었다. 항상 그 친구보다 잘났다고 믿던 나로서는 나의 현실을 그에게 보이고 싶지가 않았다. 동영은 나의 모습에서 추락을 읽은 듯, 내 손을 잡은 채 아무 말도 하지 않고 서 있기만 하였다.

　동영이 손에 이끌려 그와 함께 간 곳은 동네어귀에 있는 포장마차였다. 동영과 나는 술안주로 술국을 시킨 후 묵묵히 소주를 마셨다. 그날 저녁 우리는 침묵으로 그 시간을 채웠다. 나는 그 침묵이 무엇인지 알고 있었다. 남자들 사이에서만 이해할 수 있는 침묵. 그 침묵은 고통을 덮어주는 깊은 공감의 주단과 같았다.

　인적이 끊기기 시작하고 초가을의 찬바람이 포장마차의 천막사이로 들어오는 것이 느껴지는 늦은 시각이 되서야, 우리는 그곳을 빠져나왔다. 집 앞까지 나를 바래다준 동영은 잠시 머뭇거리더니 내게 한 가지 제의를 했다.

　"태산아, 너만 좋다면 당분간 우리 고향에 내려가서 쉬었다 오는 게 어때? 그 곳에 비어있는 고향집이 있는데, 그곳에서 머리 좀 식히고 오는 것도 좋을 것 같아서 말이야. 내가 관리하시는 분께 이야기를 해놓을 테니 언제든지 원하면 내려가서 쉬었다가 와."

나는 그런 제의를 하는 동영에게 씨익 웃으며 손을 휘적휘적 저은 후, 뒤도 돌아보지 않은 채 만취해서 집으로 들어왔다.

동영과의 만남 뒤로도 한동안은 동영의 제의를 잊어버리고 절망 속에서 시간을 보냈다. 그러던 어느 날, 보다 못한 아내가 동영과 같은 제안을 했다.

"여보, 당신 요즘 너무 힘들어 하는 것 같은데 마음도 추스를 겸 어디라도 좋으니 쉬었다 오는 것이 어때요? 제 걱정은 하지 말구요. 나는 그저 당신이 빨리 마음을 추스르고 당신의 자리로 돌아오길 바랄 뿐이에요."

그날 밤 방황하는 나를 바라보며 애가 탔을 아내의 제안을 진지하게 고민하기 시작했다. 내가 방황하기 시작한 후 집안은 깊은 침묵의 무게에 짓눌려 있었다. 돌이켜보니 그 모든 것들이 나의 방황 때문이었다.

그러던 중 얼마 전에 동영이의 제안이 떠올랐다. 몇 번을 망설이다가 전화를 걸었다. 동영에게 당분간 동영의 고향집 신세를 지고 싶다는 의사를 표현하였다. 동영은 흔쾌히 나의 부탁을 수락하며 무엇인가 이야기를 했지만, 자존심 때문인지 그의 이야기를 듣는 둥 마는 둥 대충 흘려듣고는 그곳의 주소를 적은 후 전화를 서둘러 끊었다.

나는 다음날 여행용 가방에 간단한 옷가지와 책 몇 권을 집어넣은 채 강원도행 버스에 몸을 싣고 도망치듯 서울을 빠져나왔다.

영월 시외버스터미널에 내리자마자 나는 택시를 잡아타고 기사 아저씨에게 약도를 내밀었다.

"아, 봉양초등학교요. 여기서 10분만 가면됩니다. 서울서 오셨드래요?"

소읍의 변두리를 찾아가는 나의 모습을 기사 아저씨에게는 호기심 어린 눈빛으로 흘깃 흘깃 쳐다보고 있었다. 시내를 벗어나니 동강을 넘어서는 다리가 보였다. 다리를 넘어 택시가 나를 내려준 곳은 몇 개의 허름한 식당과 가게가 조용히 거리를 지키는 영월 외곽에 있는 초등학교였다.

동영이 알려준 곳은 초등학교 뒷골목에 자리 잡은 붉은 양철지붕을 두른 시골집이었다. 집의 한쪽구석에는 녹이 슨 자전거 한 대가 놓여 있었다. 오랫동안 타지 않은 듯 여기저기 물때가 끼어 있었다. 양철집의 기둥은 페인트칠이 벗겨져 기둥의 속살을 여기저기서 보이고 있었다. 그 사이로 불개미떼가 뭐가 그리 바쁜지 부지런히 나무의 갈라진 골을 따라 오가고 있었다.

동영의 옛집을 관리하여 주시는 동네 아저씨가 반가운 표정으로 나를 맞이하러 걸어오고 있었다. 아저씨는 집안 여기저기를 안내해 준 후 불편한 것이 있으면 연락하라며 메모지에 전화번호를 적어준 후 왔던 방향으로 되돌아갔다. 나는 짐을 푼 후 동영에게 도착 소식을 전하였다. 동영은 내게 시간이 나면 누군가를 만나보라고 권했다.

"집에서 자전거로 20분만 가면 강산고등학교가 있는데, 그곳엘 가면 강산고등학교 럭비팀을 지도하시는 장 감독님이 계셔. 내가 이야기를 해놨으니까 시간이 되면 꼭 만나뵙는 게 좋을 것 같아. 많은 도움을 주실 거야."

나는 간단히 "알았어, 고맙다"는 말만 건네고 전화를 끊었다. 동영과의 통화를 한 후로 나는 그의 권유를 잊은 채 녹슨 자전거를 친구 삼아 여기저기를 쏘다니며 시간을 보냈다.

만남

내가 강산고를 찾은 것은 그곳에 도착한 지 일주일이 다 되어가던 시점이었다. 나는 낡은 자전거를 타고 시내로 들어가는 다리를 건넜다. 그리고 강산고 표지판을 발견하고 그곳을 향하여 자전거의 페달을 밟았다.

저 멀리 산자락에 학교가 보이기 시작하였다. 학교 안으로 녹슨 자전거를 삐걱거리며 들어서니 운동장이 눈에 들어왔다. 그곳에는 한 무리의 학생들이 무슨 운동인가를 열심히 하고 있었다. 그렇게 찾아

든 그날, 나는 태어나서 처음으로 럭비라는 운동을 마주하게 되었다.

　고등학생치고는 야무진 몸매에 시커멓게 탄 얼굴을 한 아이들은 럭비공을 가지고 패스훈련을 하고 있었다. 말로만 들었지 눈으로 직접 본 적이 없는 럭비는 생소한 운동풍경을 내게 보여주고 있었다. 좌우로 이어지는 패스훈련을 마친 선수들은 서로 뭉쳐서 공을 빼앗고 지키는 매우 격렬한 훈련을 하기 시작하였다. 정신없이 좌로 우로 이어지는 볼을 보노라니, 참으로 특이한 스포츠구나 하는 생각만 머릿속에 스며들고 있었다.

그때 문득 동영이 나에게 했던 말이 생각났다.

'그래, 이곳에 오면 꼭 찾아보라는 사람이 있었지. 장 무슨 감독님 이라고 했는데?'

나는 벤치에서 일어나 럭비 선수들이 모여 있는 운동장으로 걸어 갔다. 운동을 하던 학생들이 낯선 이방인의 출현을 눈치 채고 흘깃 흘깃 응시하는 것이 느껴졌다. 그런 가운데 럭비장비들이 놓여 있는 운동장가에 서서 선수들의 동작을 지켜보는 연세가 지긋한 노년의 사내가 서 있는 것이 눈에 들어왔다. 나는 조심스럽게 그에게 다가가 그에게 말을 걸었다.

"저, 말씀 좀 묻겠습니다. 혹시 여기 장 감독님이란 분이 계신지 요?"

순간 눈이 반짝 빛나던 노년의 사내는 잠시 나를 응시하더니 이내 미소를 지었다.

"제가 장 감독입니다만, 왜 그러시죠?"

나는 당황스럽기도 하고 반갑기도 한 마음에 눈빛을 추스르며 동 영과의 관계를 이야기하였다. 그제야 그는 반갑게 손을 내밀었다.

"반갑습니다. 그 친구는 저의 제자입니다. 제 밑에서 럭비를 배웠죠. 그렇잖아도 얼마 전에 전화가 와서 이야기를 들었습니다."

장 감독과 반갑게 통성명을 한 나는 선수들의 연습모습을 묵묵히 지켜보며 오후를 낯선 럭비 그라운드에서 보냈다. 서로가 낯설고 나 자신 또한 럭비란 운동이 생소했기에, 우리의 그날 오후는 그저 침묵 속 풍경만을 만들어내고 있었다.

하카

초가을의 햇살이 한풀 꺾이고 해가 서산으로 질 무렵, 학생들은 운동을 마무리하기 시작했다. 학생들은 원을 만드는가 싶더니 절도 있는 제스처와 함께 생소한 구호를 외치기 시작하였다.

"까마테, 까마테! 까오라, 까오라! 하자! 가자! 함께 가자! 강산 고, 고, 고!"

얼핏 쇼 같은 세레모니를 한 그들은 장 감독을 향하여 인사를 한 후 각자 귀가준비를 하기 시작하였다. 그 광경을 보며 흥미로워 하는 나를 발견한 장 감독은 그럴 줄 알았다는 듯 미소를 지으며 내게 걸어왔다.

"지루하셨지요. 처음 럭비를 보신 분들은 생소하고 재미없다고들 합니다. 당연합니다. 처음 보는 운동인데다 룰 자체가 생소하기 때문이지요."

나는 고개를 끄떡이며 조금 전에 학생들이 보여준 세레모니에 대하여 질문을 던졌다.

"감독님, 그런데 아까 학생들이 외치는 구호와 동작은 무슨 의미가 있나요?"

"아! 그것은 하카댄스라고 합니다. 럭비는 영연방을 중심으로 유럽, 일본 등에서 축구에 버금가는 인기를 가진 스포츠인데, 그 중에서도 최강의 실력을 가진 나라가 뉴질랜드입니다. 그 나라의 국가대표는 항상 검정색의 팀 복을 입기에 '올블랙스'라고 합니다. 그들은 경기 전에 반드시 뉴질랜드 최강의 원주민 전사들인 마오리족이 추어 온 전투춤, '하카'를 추지요. 그 춤에는 긍정과 도전의 의지가 담겨 있어요. 그래서 저희도 거기서 영감을 얻어 하카를 외치지요. 럭비는 도전과 협력의 스포츠인데 그래서 하자! 가자! 함께 가자!의 구호에서 이니셜을 따서 하카라고 외칩니다."

"아. 그런 의미였군요. 참 재미있네요. 실례만 안 된다면 또 구경하러 와도 될까요?"

"그러세요. 언제든지 환영입니다."

나의 말에 화답을 한 장 감독은 목례를 한 후, 뉘엿뉘엿 해가 지는 럭비구장을 벗어나 교문 밖으로 조용히 걸어가고 있었다.

럭비 패러다임이 지배하는 시대

다음날 오후 나는 강산고의 럭비구장을 다시 찾았다. 따가운 가을 햇살이 럭비구장을 달구고 있었다. 선수들은 운동장을 돌며 몸을 풀고 있었다. 햇살의 기승에 풀이 죽은 플라타너스 나무 아래서 운동장을 응시하는 장 감독의 모습이 눈에 들어왔다.

인사를 하기 위해 그에게 다가서던 나는 머뭇거리며 그의 옆에 멈춰 섰다. 장 감독은 팔짱을 낀 채 뭔가 깊은 생각에 빠져 럭비구장을 응시하고 있었다. 그는 꽤 오랫동안 그렇게 침묵 속에 서 있었다. 나 또한 그의 옆에서 묵묵히 침묵의 풍경을 만들고 있었다.

얼마나 지났을까. 장 감독은 짧고도 긴 침묵에서 벗어나 주변을 살피기 시작했다. 장 감독은 벤치 옆에 서서 묵묵히 자신을 바라보고 있는 나를 발견하곤 겸연쩍은 듯 인사를 건넨 뒤, 다음 운동지시를 기다리는 선수들에게 걸어갔다.

장 감독은 선수들에게 마무리 체조를 지시한 후, 내게 다가와 의외의 질문을 던졌다.

"강태산 씨라고 했지요?"

"예, 감독님. 제가 동영이 친구이니까 말 낮춰주시기 바랍니다."

"허, 거참. 그래도 초면이니 그냥 태산 씨라고 하지요. 태산 씨는 럭비를 전에 경험해본 적이 있나요?"

"아니요, 생전 처음입니다."

그러냐는 듯 고개를 끄덕인 장 감독은 다시 내게 말을 던졌다.

"처음에 럭비를 보면 이해가 잘 안 될 것입니다. 부딪히고 넘어지며 몰려다니는 참으로 격한 스포츠구나, 하는 생각이 들 수도 있습니다. 어떤 사람은 소싸움 같다고 하기도 하지요. 하지만 럭비를 조금만 이해를 하면 럭비는 우리 삶의 압축판이란 것을 쉽게 알 수 있지요."

나는 럭비가 인생의 압축판이란 말에 호기심과 의구심이 생겼다.

"어떤 의미에서 럭비가 인생의 압축판인가요?"

그런 질문이 나올 줄 알았다는 듯 장 감독은 주변에서 굴러다니는 럭비공 하나를 주워들었다.

"럭비가 인생과 같은 것은 두가지의 이유가 있기 때문입니다. 첫째, 유한한 시간속의 플레이라는 특성 때문입니다. 스포츠도 인생도, 심지어 경영도 유한성의 한계속에서 진행되는 경기입니다. 물론 모든 스포츠가 또한 그렇습니다. 주어진 경기의시간이 지나면 아무리 아직 할 일이 남고 힘이 남아돌아도 이 그라운드에서 나와야합니다. 길어야 100년인 우리의 인생도 그런 의미에서는 100분경기와 같지요.

둘째, 우리 앞에 펼쳐지는 인생의 그라운드는 이 럭비공과 같습니다. 이 럭비공을 보십시오. 이 공을 떨어뜨리면 어디로 갈까요?"

"글쎄요. 그것은 아무도 모르지 않겠어요?"

"그렇지요. 지금 우리가 사는 주변을 둘러보십시오. 전혀 예상도 못했던 많은 사건들이 가정, 직장, 경제, 정치현장에서 벌어집니다. 왜 이렇듯 앞서의 시대에서는 상상도 할 수 없는 사건과 상황이 펼쳐질까요? 지난 20세기는 축구공 패러다임이 지배를 했었지요. 축구공과 같은 원형의 공을 평면이라는 바닥에 떨어뜨리면 어디로 갈까요?"

"그야, 당연히 다시 위로 올라오지 않겠습니까?"

"그렇지요. 그와 같이 예측이 가능한 시대였기에 20세기는 사전 통제나 사후수습이 가능한 시대였지요. 우리가 지나온 지난 시대의 패러다임은 지금에 비해서 보다 명확한 인과적 합리성에 기반을 하였습니다. 그 시대는 예를 들면 '열심히 살면 성공한다', '하면 된다', '대기업 평생보장'과 같은 단순한 인과성의 패러다임이 지배를 했었지요. 그러나 지금 우리주변에서 벌어지는 일들을 보세요. 과연 그런 패러다임이 유효할까요?"

"……"

"지금은 럭비 패러다임의 시대입니다. 볼은 존재하지만 개인과 조직의 방심과 자만으로 인하여 볼을 놓쳤을 때 아무도 그 결과의 파장을 예측하기 어려운 시대. 확실한 것은 내 손안에 있을 때만이 내 볼이라는 사실입니다. 나의 자만과 오만으로 내손을 벗어난 것들은 더 이상 나의 볼이 아닙니다.

오직 겸손과 자기절제의 긴장을 가진 자만이 현재의 볼을 지속할 수 있는 시대입니다.

　누구도 현재의 상황으로서 내일을 예측하고 낙관할 수 없는 시대를 살고 있습니다. 그렇다고 비관할 수도 없는 기회와 위기가 동시에 존재하는 시대입니다.

　일반국민이 거친 럭비공이라면 정치인이나 권력자, 기업가들은 기름칠한 럭비공을 쥐고 있는 형국입니다. 지난 시절 확실했던 기회의 공들이 가장 추락하기 쉬운, 기름칠한 럭비공을 쥐고 그들이 오늘을 살아갑니다."

　"기름칠한 럭비공… 아!" 내 입에서 한숨이 새어나왔다. 그동안 나는 축구공 패러다임에서 럭비공 패러다임으로 바뀐 시대에 살면서 시효가 만료된 과거의 패러다임을 꿈꾸며 허우적대고 있었다.

　"태산 씨는 지금 어떤 인생의 그라운드에 서 있나요?"

　나는 갑자기 던져진 장 감독의 질문에 머리가 멍해지며 현기증을 느꼈다. 장 감독은 답변을 못하고 멍하니 서 있는 내게 미소를 던지더니, 운동장에 있는 선수들을 향해 뚜벅뚜벅 걸어가기 시작했다. 그의 뒷모습을 바라보며 서 있는 내 머리 위로 쏟아지는 가을햇살은 나를 더욱 현기증 나게 하고 있었다.

　이 모호한 시간과 공간 속의 나는 도대체 어떤 그라운드에 서 있었다는 말인가. 지난 나의 인생에서 진정 나의 그라운드가 존재했던 것일까?

　뜨거운 오후의 햇살이 물러가고 해 그림자가 질 무렵, 소읍의 거리를 휘적휘적 걸어서 숙소로 돌아왔다. 나는 저녁식사도 잊은 채 자리에 누워 천장만 멍하니 바라보고 있었다.

　"럭비 패러다임이 지배하는 시대. 인생은 럭비 그라운드. 겸손과 긴장이 요구되는 시대. 나의 그라운드……."

　장 감독이 내게 설명한 이야기들은 그동안 내게 펼쳐졌던 이해 안 되는 상황들을 설명해주고 있었다.

　생각의 너울이 잠잠해지자 나는 나 자신에게 질문을 던지기 시작했다. 나는 지금 어떤 그라운드에 서 있는 것일까? 지금까지의 삶에서 매 순간 그라운드에 대한 인식이 존재나 했던가?

　나를 향한 질문은 질서를 잃고 헤매던 내게 한 가닥 희망을 던지고 있었다.

　그날 밤, 나는 그렇게 혼돈과 희망이 뒤범벅된 채 뒤척이다가 잠이 들었다.

비가와도 눈이 와도 우리는 간다!

환경
역동성

隨處作主

가는 곳마다 참된 주인으로 서라

환경을 긍정하고 극복한 자가 미래를 지배한다!

다음날 눈을 떠보니 비가 내리고 있었다. 나는 낡은 우산을 찾아 쓰고 학교 앞 백반집엘 들러 간단히 아침을 때웠다. 그러곤 집으로 돌아와 커피 한 잔을 마시며 추적추적 내리는 비를 바라보며 아침시간을 보냈다.

정오가 되자 강산고 럭비팀이 궁금해지기 시작했다. 비가 오니 오늘은 운동을 쉬겠지 하는 생각이 들었지만, 그래도 혹시나 하는 생각에 낡은 우산을 한 손에 받쳐 들고 천천히 자전거를 타고 집을 나섰다.

아침부터 내린 비로 소읍의 울퉁불퉁한 아스팔트 길 위엔 물길이 이리저리 뻗어서 흐르고 있었다. 내리치는 비로 인하여 낡은 우산은 장식이 된 지 오래였다. 우산을 쓴 것인지 우산을 든 것인지 모를 정도로 몸은 흠뻑 젖어 있었다.

하얀 입김을 내며 흠뻑 젖은 채 운동장에 들어서니, 놀랍게도 세

찬 빗줄기 속에서 강산고 럭비부원들은 비에 흠뻑 젖어 가며 훈련을
하고 있었다. 장 감독도 함께 비를 맞으며 운동장에 서 있었다. 그는
이따금씩 선수들을 모아 세워놓고 무언가를 지시했고, 학생들은 고
개를 끄덕인 후 다시금 자신의 포지션에서 훈련을 시작했다.

땀과 비와 흙으로 버무려진 모습들. 놀랍게도 어린학생들의 표정
에는 비가 내리는 상황을 회피하려는 움츠린 기색이 전혀 없다. 피
아가 구별이 안 되고 덩어리처럼 모이고 흩어지는 몸들의 율동 속에

서 하얀 김이 연신 피어오르는 그들이 만드는 풍경은 내게 거대한 산처럼 다가왔다. 장 감독 옆으로 다가간 나는 조금 걱정스럽다는듯 말을 건넸다.

"감독님, 비가 오는데 저렇게 연습을 해도 괜찮은가요?"

질문을 던지는 내게 장감독은 의미심장한 미소를 던지고 있었다.

"태산 씨, 경기를 해야 하는데 갑자기 폭우나 폭설이 쏟아진다면 대부분의 스포츠는 어떻게 하나요?"

"그야, 당연히 중단하겠지요."

"럭비는 어떻게 할까요?"

"럭비도 마찬가지 아니겠어요?"

"그렇지 않습니다. 럭비는 지금까지의 역사에서 전쟁을 제외하고는 날씨 때문에 중단한 사례가 없습니다. 날씨 때문에 중단한다면 그것은 럭비로 인정을 안하죠. 럭비는 날씨를 탓하지 않습니다. 맑으면 맑은대로 눈비가 오면 오는대로 담담히 그 상황을 받아들이고 넘어서서 오직 자신의 약속인 경기에 집중하고 해낼 뿐이죠. 그래서 럭비는 인생이라고 합니다. 날씨와 같이 인생의 길 앞에 펼쳐지는 환경은 어떤 개인이나 조직의 뜻대로 되는 것이 아닙니다. 환경은 선택의 대상이 아닙니다. 긍정과 극복의 대상일 뿐이지요.

불확실성이 고조되는 이 시대에 우리들의 삶을 힘들게 하는 것은 날씨와 같은 환경이 아니라 환경에 대한 기대지요. 환경에 대한 기대를 버리고 기대의 방향을 자신에게 향하여 진정한 환경의 주인공으로 서는 순간, 우리는 비로소 인생이란 그라운드의 주인공이 될 수가 있지요. 지금 우리에게 필요한 것은 환경을 긍정하고 극복하려는 적극적 태도인 환경역동성입니다."

"그렇지만 이왕이면 날씨가 좋으면 더 좋지 않을까요. 저렇게 비가 오는 날 힘들게 하는 것보다는……."

이렇게 말을 하는 나를 씨익 웃으며 쳐다보던 장 감독은 말을 이어갔다.

"물론 날씨란 환경이 좋다면 좋겠지요. 그러나 환경은 나를 벗어난 세상의 이야기입니다. 내가 나를 벗어난 세상을 통제하는 것이 가능할까요. 어느 정도는 통제가 가능하다고 볼지라도 그것은 환경의 외형을 바꾸는 데 국한되지 환경의 본질을 바꾸지는 못하죠. 아무리 사람들이 자신의 얼굴을 수천번 뜯어고쳐도 자신의 본질이 바뀌지 않듯, 환경에만 얽매이는 것은 삶의 본질인 자신을 내려놓는 것과 같습니다.

오늘날 한국사회는 OECD 자살률 1위의 기록을 10여년이 넘도록 기록하고 있습니다. 살기가 힘들다하지만 4천년 역사에 처음으로 이 땅에서는 배불리 먹다 죽어가는 사람들로 넘쳐나고 있습니다. 어느 병원을 가봐도 영양과잉의 성인병으로 병원을 찾는 사람들로 넘치지 먹을 게 없어서 영양실조로 병원을 찾는 사람은 거의 없습니다.

힘은 들어도 배부른 시대입니다.

지금 우리는 환경에 대한 기대가 넘치는 시대를 걸어가고 있습니다. 스스로 자신을 들여다 보지 못하고 자신의 가능성에 기대를 걸지 않는 한 환경은 우리들에게 좌절의 민낯만 보여줄 것입니다. 이 세상 어디에 양탄자 깔아놓고 나를 기다리는 곳이 있겠습니까. 자신이 서 있는 곳이 돌밭일지라도 이를 탓하지 않고 담담히 받아들이며 밤을 지새워 묵묵히 문전옥답으로 만드는 사람들만이 있을 뿐이지요.

환경역동성이 높다는 것은 환경에 대한 자존감이 높다는 것을 의미합니다. 리더십이 뛰어난 사람들의 가장 큰 심리적 특징이 자존감이듯이 환경역동성은 어떤 환경의 불리한 상황에 처하더라고 그 상황을 잘 헤쳐나갈수 있다는 자기기대, 자기 믿음을 가진 사람들의 환경대응태도입니다.

럭비를 잘 관찰하여 보세요. 트라이를 위하여 전진하는 선수 앞으로 달려드는 상대편 선수들의 거친 저지의 장애들, 그러나 볼을 잡은 리더는 그런 상황을 당연히 받아들이며 더욱더 부딪히며 앞으로 밀고 나갈 뿐입니다. 볼을 잡은 리더를 위한 길은 없습니다. 상황을 받아들이고 나아가는 그곳이 길일 뿐이지요. 세상도 마찬가지지요.

이 세상에 나만을 위한 길은 없습니다. 애초에 길은 없었습니다. '묵묵히 환경을 받아들이고 거친 눈길을 헤치며 나아가는 자의 흔적을 가리키며 세상은 길이 저기 있다'고 말할 뿐이지요.

환경역동성은 환경에 대한 기대를 버리는데서 시작됩니다. 골리앗 앞에 우뚝 선 다윗의 자세로 세상을 바라보는데서 시작됩니다. 이것은 절망과 포기를 이야기하는 것이 아닙니다. 진정한 자기 자신에 대한 기대와 희망을 이야기하는 것입니다. 세상을 향한 기대의 방향성은 좌절을 낳고 그 좌절은 분노를 양산합니다.

그러나 기대의 방향이 자기 자신을 향한 사람들은 넘어져도 일어날 것을 생각합니다. 속으로 눈물을 삼키고 스스로 다독거리며 또다시 자신의 그라운드로 뛰어나갑니다. 상처를 입은 멧돼지가 자신만이 아는 깊은 숲 속의 진흙웅덩이에 가서 상처를 어르고 아물게 하여 다시금 그의 숲으로 달려 나가듯이 말입니다.

태산 씨의 지난 시간은 어떤 환경 인식 속에 있었나요? 세상을 향한 기대를 거둬들이고 스스로에게 의연하고도 담대한 전진을 기대하며 성큼 성큼 앞으로 나가던 시간이었나요?"

나는 그 말에 어두운 터널과 같던 지난 시간의 아픔이 떠올라서 비 내리는 운동장을 말없이 쳐다보고 있었다.

과연 나는 인생을 살면서 한순간이라도 비 오고 눈 내리는 시간에 그것을 받아들이고 넘어서는 것이 진정한 삶이라고 생각했던 적이 있는가. 지금도 나는 비를 피하고 눈을 멀리하며, 오지 않은 봄을 탓하고 찾아 헤매다 지쳐서 오늘 이곳에 서 있지 않은가.

"인생에서 비오는 날 눈오는 날 날씨 추운 날 피하면 살날이 몇 일이나 될까요. 그 조차 다 나의 인생인데." 그 말을 던진 후 장 감독은 선수들에게 피드백을 하기위하여 선수들을 향하여 빗속을 걸어가고 있었다.

인생은 트라이try이다

그날 장 감독은 나를 집으로 초대했다. 그의 집도 나와 마찬가지로 시내를 벗어나는 동강의 다리 너머에 있었다. 우리는 함께 자전거를 타고 시내를 빠져나왔다. 다리를 넘자 그는 시골역이 보이는 쪽으로 방향을 잡기 시작하였다.

영월역에서 오 분여를 더 가니 산자락에 아담한 단층의 전원주택이 보였다. 시베리안 허스키 한 마리가 낯선 나의 출현을 알아채고 짖어대기 시작하였다. 개 짖는 소리에 현관문이 열리더니 따뜻한 눈빛을 지닌 사모님이 반갑게 나를 맞아주었다.

거실에는 그의 역사를 보여주듯 많은 트로피와 페넌트, 감사패 등이 벽의 한 면을 장식하고 있었다. 그 중에서도 럭비공 한 개가 유독 눈에 들어왔는데, 거기에는 세월의 이력을 말해주듯 색깔이 바랜 채 '인생은 럭비다'라는 문구가 쓰여 있었다.

그날 밤 나는 장 감독과 술잔을 나누며 많은 이야기를 나누었다. 아니 정확히 말하면, 내가 일방적으로 나의 지난 시간에 대해 얘기했다고 보는 게 맞을 것이다. 장 감독은 빈 잔에 술을 채워주며 묵묵히 내가 하는 체념 섞인 신세 한탄 소리를 들어주었다. 꽤 오랜 시간이 흘렀을 무렵, 장 감독이 문득 말했다.

"태산 씨, 럭비에서 공격선수가 상대편 최종라인에 성공적으로 들어갔을 때 그것을 무엇이라고 하는지 아세요?"

"……. 아, 그거요! 생각났어요! 옛날에 하인즈 워드인가 하는 선수가 공을 갖고 들어가니까 그걸 보고 터치다운이라고 하던데요."

내 대답을 듣더니, 그가 미소를 지으며 말했다.

"미식축구에서는 터치다운이라고 하고 럭비는 '트라이try'라고 합니다. 트라이를 사전에서 찾아보면 도전, 시도 같은 의미를 담고 있죠. 럭비는 어떤 선수가 득점을 했다고 해서 자만하지도 않으며 또 그로 인해 좌절하지도 않죠. 그것은 도전의 한 과정에 불과하니까 말입니다. 럭비로 설명하자면 인생은 끝없는 시도try의 연속이지요.

하늘은 참으로 냉정합니다. 이 냉정한 그라운드에서는 오직 환경의 본질을 이해하고 담대하게 다시금 일어나 앞으로 나가는 트라이의 영혼을 가진 존재만을 축복할 뿐입니다. 하늘은 쓰러진 자를 향해 울지 않습니다. 쓰러진 풀 위에 놓인 작은 씨앗과 같은 의지가 있어야만 그 위에서 잎이 나고 꽃이 피며 하늘의 축복을 받을 뿐입니다.

오늘의 작은 성취와 좌절에 연연할 필요는 없습니다. 삶은 결코 짧지 않은 트라이의 시간이기 때문입니다.

어제 잘 나가던 조직과 개인들이 오늘의 그라운드에서 사라지곤 합니다. 어제 잘나가던 권력이 오늘 구치소를 향합니다. 어제 눈물짓던 사람들이 오늘은 성공을 이야기합니다. 그런 의미에서 볼 때, 태산 씨의 그라운드는 아직도 진행중입니다. 하늘은 휘슬을 생각하지 않고 있습니다."

그의 이야기에 갑자기 술이 확 깨버렸고 뭐라고 말할 수 없는 전율이 나를 흔드는 것을 느꼈다. 한 손에 들고 있던 소주잔에서 작은 파문이 일고 있었다.

리더란 환경의 도전을 넘어 길을 만드는 자이다

장 감독은 내게 질문을 던졌다.

"럭비가 다른 구기운동과 다른 점이 무엇인지 아시나요?"

이번에는 반드시 맞추리라는 생각에 나는 잠시 호흡을 가다듬었다.

"볼이 다르다는 것이 아닐까요? 다른 구기운동은 공이 둥근데 럭비는 타원형의 공을 사용하니까요."

그 말을 들은 장 감독은 이렇게 답변을 하였다.

"물론 그런 도구상의 차이도 있겠지만 가장 본질적인 차이는 다른 구기운동들은 전후 패스가 가능하지만 럭비는 절대 앞으로 패스할 수 없다는 것입니다."

"네? 앞으로 패스할 수 없다고요? 그럼 어떻게 전진을 하죠? 훈련할 때 보니 굉장히 빠르게 전진하던데요."

"네, 그렇죠. 어떤 구기운동에도 뒤지지 않는 스피드로 진행되는 것이 럭비입니다. 불리한 룰에도 불구하고 빠른 전진이라는 성과를 내는 것은 두 가지로 설명할 수가 있지요.

첫째는, 어제 운동장에서 이야기한 바와 같이 환경을 긍정하고 극복하려는 마인드에 있습니다. 럭비가 주는 감동은 단지 박력있는 운동이기 때문이 아니라, 날씨나 룰과 같은 환경의 불리함에 연연하지 않기 때문입니다. 어쩌면 그런 럭비의 정신이 제가 일생 동안 럭비에 빠지게 된 이유이기도 하죠. 어떤 환경이라도 담대하게 긍정하고 넘어서는 것, 그것이 럭비의 환경인식이고 럭비처럼 사는 사람들의 특성이지요.

두 번째 이유는 환경긍정과 극복의 마인드를 기반으로 스스로 앞장서서 희생하고 길을 뚫는 솔선수범의 행동에 있습니다. 럭비에서 리더는 볼을 가진 자입니다. 패스를 앞으로 할 수 없는 환경 속에서 리더가 자신의 안위를 위하여 타인에게 위험을 전가하고, 우유부단하게 전진의 기회를 포기한다면 그는 진정한 리더가 아니지요. 단지 볼을 가진 자에 불과하지요.

제대로 럭비 마인드를 지닌 선수들은 두려움과 이기심을 통제하고, 단 한 발이라도 앞으로 나가 뒤의 동료를 위해 길을 냅니다.

이와 같이 환경에 대한 긍정과 극복의 태도, 스스로 앞장서서 길을 내는 리더로서의 희생적 솔선수범의 행동, 이 두 가지는 럭비가 불리한 환경구조에도 불구하고 빠른 전진이란 성과를 만드는 이유입니다. 인생도, 사업도 럭비와 다를 바가 없지요."

비범과 평범을 만드는 비밀

말을 마친 장 감독은 묵묵히 창 밖을 내다보았다. 잠시 침묵하던 장 감독은 안방으로 들어가더니 CD 하나를 가지고 나와서는 DVD 플레이어에 넣고 모니터를 켰다. 순식간의 일이라 나는 가만히 그의 행동을 지켜만 보고 있었다. 모니터화면 속에서는 검정색 럭비복을 입은 선수들의 위압적인 고함과 제스처가 섞인 세레모니가 펼쳐지고 있었다. 몸과 마음에 전율을 주는 매우 카리스마가 넘치는 세레모니였다.

"저게 바로 뉴질랜드 국가 대표팀인 올블랙스의 하카 댄스입니다. 승패의 긴장과 부상의 공포가 밀려오는 상황 속에서 저들은 외치지요. '까마테, 까마테! 까오라, 까오라! 지나간 것에 연연하지 마라! 지금 여기에 삶이 있다. 나는 받아들이고 나아가겠다!'라고요.

철저히 자신의 앞에 펼쳐진 환경을 받아들이고 넘어서겠다는 집단신념의 표현이지요. 제가 보기에 저런 환경을 넘어서려는 신념이 오늘도 올블랙스를 세계 최강의 살아있는 전설로 만들고 있다고 봅니다.

우리의 인생도 한판의 거대한 경기입니다. 세상 모든 사람들이 성공과 행복을 꿈꾸지만 왜 대부분 평범하게 살다가 사라지는 것일까요?. 삶에는 평범과 비범을 가르는 비밀이 존재합니다."

"태산 씨는 일요일 저녁에 월요일을 생각하면 마음이 설레이십니까?"

"글쎄요. 그런 사람들이 있을까요? 대부분이 월요일을 생각하면 스트레스 받지 않나요?"

"그렇지요. 바로 거기에 삶이 평범과 비범으로 갈리는 첫 번째 비밀이 숨겨져 있습니다. 대부분의 사람들은 저 멀리 있는 성공과 행복을 꿈꾸지만 그러기 위해서 마주해야 할 내일의 그라운드를 설레는 마음으로 받아들이려 하지는 않습니다. 그저 힘들고 귀찮은 소진거리로 내일을 받아들이고 있지요. 바로 그 차이가 삶을 평범과 비범으로 가릅니다.

그러나 평범의 삶을 선택한 사람들과 달리 내일을 설렘임으로 기다리던 사람이 있었지요. 초등학교를 겨우 나오고 가난과 수많은 사업의 실패를 경험하였지만 세계적인 기업가가 된 분, 바로 현대의 정주영 회장이었지요. 그의 자서전에 보면 그런 내용이 있습니다. '나는 항상 내일이 기다려진다. 내일을 생각하면 설렌다.' 그의 생각에서 똑같은 에너지를 가진 생명으로 태어나서 삶이 평범과 비범으로 갈리는 이유를 찾아 낼 수가 있습니다.

　누구는 세상을 받아들이고 기다리지만 누구는 세상을 부정하고 피하려 하는 것이지요. 월요일 아침, 무표정한 얼굴과 축 늘어진 어깨를 한 채 건널목에 서 있는 그 어둠의 무리에 자신이 서 있는 것을 경계해야만 합니다. 내일을 생각하는 우리들의 태도에 이미 내일의 삶은 결정되어 있습니다. 빛이 어둠을 대하듯 그리하여 더욱 빛이 가치를 발하듯, 내일의 불확실에 더욱 당당히 마주서야만 합니다. 그때 나의 삶은 빛이 됩니다. 내일은 나의 배경이 되어줍니다. 빛은 어둠을 두려워하지 않습니다.

　두 번째 이유는 자신의 현재를 채우는 정서적 감정의 불안과 안정의 비중에 있습니다. 우리가 성공과 리더십의 가장 중요한 심리적 특성으로 자존감을 자주 거론하는데, 자존감은 작은 성취의 경험들이 축적되면서 내면에 형성되는 안정적 상황정서입니다. 반면에 성취에 대한 외부나 자신의 자각경험이 부족한 개인이나 사회는 불안한 성황정서에 지배되곤 합니다.

　성공가능성이 높은 사람들은 똑같은 불확실의 길을 걸어가더라도 그 불확실을 희망으로 받아들이며 담담하고 안정적인 정서태도를 유지하는 힘이 강하죠. 왜 명문대 학생들이 고시나 시험 등에서 강할까요? 그들이 강한 결과를 보여주는 이유는 다양한 환경적 변수가 있기도 하지만 중요한 차이는 축적된 성취의 경험이 만드는 안정적 자존감 때문입니다.

　그들의 눈빛에 불안의 그림자는 없습니다. 반면에 지적으로 부족함이 없는데도 불안정한 결과를 만들어내는 사람들을 살펴보면 미래를 준비하는 그들의 얼굴에는 불안과 긴장의 그림자가 가득합니다. 때때로 내일을 만드는 나 자신의 상황정서를 살펴 볼 필요가 있습니다. 불안과 초조가 현재의 나를 잠식하고 있지는 않은지?

　불안이 몰려오면 웅크리지 말고 맘껏 껴안으세요. 그리고 그 불안조차도 내일의 에너지로 승화시키세요. 내일을 대하는 오늘의 상황정서가 내일의 나라는 상품을 만들어냅니다. 안심입명이라고 하지요. 숨을 깊게 들이쉬며 편안함으로 가벼움으로 배짱으로 오늘의 마음을 채우세요. 오늘의 상황정서가 불안이냐 안정이냐에 따라 삶의 결과도 평범과 비범으로 갈라집니다."

　긴 침묵이 흘렀다. 어느 순간부터인가 나는 술이 깨어 있었고, 모든 의식이 지금까지의 내 인생을 총총히 내려다보고 있는 것이 느껴졌다. 전율, 긴장, 부끄러움, 자괴심 등 숱한 감정이 물밀듯이 몰려와 나를 덮쳤다. 괘종시계가 10시를 알리자 나는 자리에서 일어났다. 도로까지 걸어나온 장 감독은 색다른 제안을 하였다.

"태산 씨, 저와 약속 하나 합시다. 당분간 자전거를 내려놓고 매일 아침이든 저녁이든 2시간만 걸어보세요. 그 이유는 나중에 설명할 테니 일단 한 번 해보세요."

나는 그의 제안에 고개를 끄덕이고 늦은 시간을 핑계 삼아 인사를 하는 둥 마는 둥 장 감독의 집을 빠져나왔다. 저 멀리서 시베리안 허스키가 짖어대는 소리가 들리고, 문득 올려다본 동강의 차가운 밤하늘에는 별이 환상처럼 쏟아지고 있었다. 이 중 유난히 빛나는 별 하나가 뚫어지게 나를 내려다보고 있었다. 그 별은 반짝이며 내게 이렇게 이야기하는 것 같았다.

"당신은 아는가, 싸늘한 이 밤, 이 별 아래로 지나가던 그 힘든 생명들의 역사를. 그 아픔을 보듬으며 자신의 빛에 의지한 채, 지금 걸어가는 그 길을 시작한 누군가의 첫 걸음을."

귀에서는 하카 댄스의 메아리가 환청처럼 들려오고 있었다.

"까마테, 까마테! 까오라, 까오라!"

나의 볼을 명확히 하라!

방향
역동성

有志竟成

뜻이 있으면 반드시 이루어낸다

올 포 원all for one의 그라운드

　다음날은 평소보다도 일찍 눈이 떠졌다. 매일 2시간 정도 운동 삼아 걸어보라는 장 감독의 제안이 떠올라 옷을 주섬주섬 차려 입고 안개 낀 도로로 나갔다. 얼마 만에 하는 운동인지 기억이 나지 않았다.

　가을 안개가 자욱한 도로 위로 안개등을 켠 차들이 새벽의 정적을 흔들며 지나가고 있었다. 초등학교를 지나고 동강의 다리를 건너서 뚝방길을 따라 동강을 옆에 끼고 걷기 시작하였다. 한 시간을 걸었을까, 다리가 후들거렸다. 퍽퍽한 호흡이 폐를 아리게 하고 있었다.

　나는 잠시 뚝방의 벤치에 앉았다. 안개 속으로 운동 나온 한 무리의 아주머니들이 나타났다가 사라져갔다. 오랜 시간 방치해 놓은 나의 몸이 한계를 경고하고 있었다. 한숨 돌리며 부실해진 몸에 대한 죄책감을 느끼고 있을 때, 저 멀리서 한 사람이 빠른 속도로 걸어오는 것이 보였다. 낯익은 모습이었다. 가까이 다가오자 나는 그가 장 감독이라는 것을 알아챘다. 기운이 빠져서 멍하니 쳐다보는 내게 그가 먼저 인사를 걸었다.

"태산 씨, 약속을 지켰군요. 그럼 이따가 봅시다."

그는 내가 대답을 하기도 전에 바쁘게 안개 속으로 사려졌다. 도깨비에 홀린 듯 멍한 기분이 들었다. 정신을 가다듬고 시간을 확인하니 한 시간 정도가 지났다. 나는 다시 왔던 길을 되돌아서 집으로 돌아왔다. 오랜만의 운동이라 등에는 땀이 촉촉이 맺히고 온몸에 나른한 피곤이 몰려오기 시작하였다. 간단히 샤워를 하고 노곤함 속에 잠이 들었다. 정신을 차려 일어나보니 아침 10시. 몸과 마음을 무겁게 짓누르던 무거운 피로의 거죽이 한 꺼풀 벗겨진 기분이 상쾌하게 몰려왔다.

얼마 만에 느껴보는 맑은 의식인가. 나는 외출채비를 한 뒤 자전거를 타고 동강의 다리를 건너갔다. 강의 기운을 머금은 바람이 내 가슴을 시원하게 채워주고 있었다. 저 멀리 강산고가 보이자 오늘따라 유난히 마음이 설레기 시작하였다.

장 감독은 벌써 운동장에 나와 운동준비를 하고 있었다. 나는 장 감독과 아침인사를 나눈 후, 묵묵히 그의 뒤를 따라 운동장의 돌도 줍고 쓰레기도 주었다. 아침 운동을 하기 위해 학생들이 몰려나왔다. 서로 라운드를 한 그들은 큰소리로 '까마테, 까마테! 까오라, 까오라! 하자! 가자! 함께 가자! 강산 고, 고, 고!'라는 구호를 우렁차게 외친 후, 약속된 오전의 체력중심 운동을 하기 시작했다.

한 시간여의 아침 운동이 끝나자 학생들은 인사를 한 후 각자의 교실로 들어갔다. 운동장에는 비로소 여유가 흐르기 시작하였다. 장 감독도 그제서야 나를 바라보며 미소를 지었다.

"아침 일찍 나오시느라고 수고가 많으셨습니다. 차나 한잔 하시죠."

나는 그가 내미는 자판기 커피를 마시며 묵묵히 그라운드를 응시했다.

"태산 씨, 럭비의 경기규칙을 잘 모르시죠? 어제 제가 럭비의 공격 성공을 트라이라고 했던 것을 기억하실 것입니다. 기본적으로 상대 진영의 득점라인에 들어가 볼을 그라운드에 찍는 것을 트라이라고 하며, 이를 통해 4점을 득점하게 됩니다. 그리고 득점에 따른 어드밴티지를 제공하는데, 트라이를 찍은 곳의 직선 전방에서 킥을 해서 H골대의 위를 통과하면 3점을 추가로 주죠.

정식경기는 15인제로 이루어져 있고, 전후반 각각 40분씩 합니다. 저희같은 고등학생들은 30분씩으로 경기를 진행하죠. 이밖에 10인 제, 7인제 경기도 있습니다. 미식축구는 공을 잡지 않은 선수도 상대 편이 수비로서 제지할 수 있지만, 럭비는 오직 볼을 가진 사람만 제지해야 합니다. 볼을 잡지 않은 선수를 수비행위로서 제지할 경우는 반칙으로 처리됩니다.

럭비는 쉽게 이야기해서 땅 따먹기 게임이라고도 합니다. 그만큼

치열하게 영토를 확보해야 하는 스포츠인데, 그 영역의 기준은 볼의 위치입니다. 처음에는 긴가민가해도 자주 보다 보면 경기를 이해하시게 될 것입니다."

장 감독에게 럭비의 기초적인 운영틀에 대한 설명을 듣고 나니 그제서야 럭비의 경기를 볼 수 있는 눈이 생겼다. 갑자기 무엇인가 생각이 떠오른 듯 장 감독은 내게 이어서 말을 던졌다.

"마침 오늘 오후에 시합이 있습니다. 제일고와의 경기인데 강원도 내에서는 최강이라고 할 수 있죠. 오후에 시간이 되면 한 번 보시기 바랍니다."

점심 무렵 숙소로 돌아온 나는 방에 누워 괘종시계를 몇 번인가 바라보며 빈 시간을 보냈다. 오후 세 시경 서둘러 럭비시합이 예정된, 강산고의 운동장으로 달려갔다. 벤치에 앉아서 기다리자니 교문 안으로 낯선 버스 한 대가 들어왔다. 버스가 멈추자 한 무리의 선수들이 내리기 시작하였다. 얼핏 보기에도 체격들이 강산고 선수들보다 좋아보였다. 그도 그럴 것이 강산고는 수업과 운동을 병행하며 일반 학생 중에서 지원자를 중심으로 운영하는 럭비팀이고, 제일고는 오직 럭비선수출신의 특기생들로 구성된 팀이었다.

양쪽 선수들이 몸을 푼 후 경기의 엔트리 선수들이 확정되자 경기를 위하여 선수들이 그라운드로 들어오기 시작하였다. 상호 예의를 갖춘 후, 심판의 경기시작을 알리는 휘슬이 울려 퍼졌다.

강산고의 킥으로 공격이 시작되었다. 킥을 받은 제일고 선수들의 공격은 역시 매서웠다. 초반부터 제일고의 움직임이 강산고를 압도하고 있었다. 장 감독은 담담히 플레이를 지켜보고 있을 뿐이었다.

스마트 워크시대와 방향역동성

그때 강산고 선수단 벤치에 앉아 있는 한 선수에게 눈길이 갔다. 제일고 선수들의 체격에 버금가는 딱 벌어진 가슴을 가진 선수 한 명이 묵묵히 경기를 지켜보고 있었다. 아마도 히든카드로 활용할 계획인 듯 그 선수는 계속 벤치만 지키고 있었다.

전반전이 끝날 무렵 점수차가 크게 나고 있었다. 강산고는 투지는 좋지만, 노련한 제일고의 연속적 트라이 성공에 속수무책으로 끌려가고 있었다. 하지만 후반전에 들어서서 강산고는 자만한 제일고의 틈을 투지로 몰아붙이며 연속 트라이를 성공시켰다. 그런 결정적인 순간에도 장 감독은 벤치의 그 선수를 투입하지 않았다.

결국 마지막 3분을 남겨놓고 오른쪽 윙이 뚫렸고, 제일고가 쐐기를 박는 트라이를 성공시키며 제일고의 일방적 승리로 경기가 끝나고 말았다. 나는 그 상황이 이해가 안 되어 경기가 끝나고 짐을 정리하는 장 감독에게 질문을 던졌다.

"감독님, 아까 보니까 등번호 11번을 단 선수가 괜찮아 보이던데, 왜 그 선수를 결정적인 순간에 투입시키지 않으셨는지요?"

짐을 정리하던 장 감독은 하던 일을 멈추고 다시 벤치에 앉아 나에게 그 이유를 설명하기 시작하였다.

"그 아이를 눈여겨보셨군요. 그 아이는 김민이라고 서울에서 유학 온 선수입니다. 그 또래에서는 꽤나 실력을 인정받는 선수죠. 하지만 럭비는 개인기만으로 이루어지는 운동이 아닙니다. 혹시 올 포 원이라고 들어보신 적이 있나요? 기억이 있을 겁니다.『삼총사』에도 나오고 어떤 자동차 회사의 광고에도 등장했죠. 흔히들 그러죠. '전체는 하나를 위하여'라고요. 그렇습니다. 럭비선수의 플레이에서 가장 중요한 덕목은 전체가 지향하는 목적과 목표를 명확히 하고 몰입하는 방향역동성입니다.

양쪽 삼십여 명의 선수를 걷어내고 그라운드를 바라보면 남는 것은 럭비볼입니다. 그 럭비볼을 놓치지 않기 위하여, 전진시키기 위하여 그들은 넘어져도 다시 일어나 앞으로 앞으로 자신을 던지며 나갑니다. 바로 그 볼이 럭비선수들에게는 올 포 원이지요.

올 포 원의 방향역동성은 성장하고 성과를 내는 모든 개인과 조직의 핵심이지요. 과거 축구공 패러다임이 지배하던 시대에는 그저 시키는 대로 열심히만 하면 인정을 받던 하드 워크hard work의 시대였습

니다. 그러나 럭비 패러다임이 지배하는 지금의 시대는 개념 없는 성실을 원하지 않습니다. 그런 착한 성실의 시대는 갔습니다. 지금의 시대는 명확한 개념을 바탕으로 효용성을 추구하는 스마트 워크의 시대입니다.

단지 스마트기기를 사용하여 재택근무를 하는 것이 스마트 워크는 아닙니다. 시간과 공간의 패러다임에서 벗어나 명확한 일의 개념을 가지고 질이 높은 성과를 창출하는 일의 패러다임을 스마트 워크 smart work 라고 합니다.

개인의 삶에서도 개념이 명확한 자만이 삶에서 흔들리지 않고 앞으로 나아갈 수가 있습니다. 길거리에서 마주치는 노숙자들과 우리들의 차이가 무엇인지 아십니까? 그것은 자신의 볼을 놓친 자와 놓치지 않은 자의 차이에 불과합니다. 인격은 평등합니다. 태어날 때 가지고 온 에너지 수준도 동일합니다. 그러나 삶의 방향성을 확보하고 유지하는 수준은 평등하지 않습니다.

그러나 이와 같이 중요한 개인의 방향역동성도 조직의 그라운드로 들어서는 순간부터는 자신을 내려놓고 철저히 조직의 방향역동성과 조화를 이뤄 몰입하여야만 합니다. 아무리 개인의 능력이 탁월해도 팀이라는 환경 속에서는 공동의 목적과 목표가 불명확하거나 공유되지 않는다면 결과는 뻔하죠. 개인의 행동은 있어도 전체의 성과는 없지요. 그라운드엔 누구나 설 수 있지만 아무나 시합을 할 수는 없습니다. 그라운드에 들어서는 순간 자신을 향한 작은 자아를 내려놓고, 우리라는 큰 자아를 위하여 뛰어야 하기 때문이지요.

세상이 혼란스러운 것은 개인적 자질이 뛰어난 영재들이 부족해서가 아니라 함께 가는 방향의 역동성을 만들어내는 인재들이 부족하기 때문입니다. 자신만의 가치에 집중된 영재가 세상을 구하지 못합니다. 그 가치들을 하나로 묶는 인재가 4차산업시대의 희망입니다.

김민 선수 또한 개인기가 뛰어나다 보니까 그 맛에 빠져서 팀을 위한 플레이보다 자기 자신만을 위한 플레이를 하고 있지요. 전에 있던 학교에서도 그런 문제로 팀의 감독을 난처하게 하고 선수들과도 갈등을 겪었답니다. 그러던 차에 아버지의 권유로 럭비를 계속하기 위하여 이곳으로 전학을 오긴 왔는데 아직도 개인플레이를 지향하던 습성에서 벗어나지 못했습니다. 그래서 요즘 제가 숙제를 냈어요. 우리 팀이 어떤 목적을 향하여 어떤 패턴으로 하는지 잘 보고 체득하라고요.

이 인생과 조직의 그라운드는 냉정하게 명확한 올 포 원의 방향역동성을 요구합니다."

삶의 불확실보다 두려운 전략 없는 삶

"우리 모두는 태어나면서 수많은 가능성의 볼을 가지고 태어납니다. 그러나 가능성만으로는 안 되죠. 수많은 볼이 운동장 주변에 널려 있지만 선수들이 갖고 뛰는 것은 오직 하나의 볼이듯, 인생에 있어서도 중요한 것은 앞에서도 이야기하였지만 자신만의 볼을 명확히 선택하는 것입니다.

그것이 소위 말하는 삶의 목적이고 전략이지요. 목적이란 무엇을 할 것인가에 대한 답이 아니라 무엇이 될 것인가에 대한 답입니다.

왜냐하면 결국 우리의 모든 노력과 열정은 '무엇'이 되기 위하여 '무엇'을 하는 과정이거든요.

럭비선수들이 달려가고 넘어지고 다른 선수들의 몸에 깔리더라도 볼을 놓치지 않는 것은 그들에게 볼은 그들이 존재하는 목적이기 때문입니다. 자신의 볼을 몸과 마음에서 놓지 않는 선수는 절대로 흔들리지 않습니다. 자신이 다음에 해야 할 일이 무엇인지 알기 때문이죠.

럭비는 시스템의 스포츠입니다. 시스템은 상호 유기적 협조성과 지속성의 특징을 지니고 있지요. 그렇다면 상호 유기적 협조성과 지속성을 만드는 것은 무엇일까요. 그것은 바로 모든 선수들이 인식하고 선택한 하나의 볼입니다."

나는 그 볼의 실체가 궁금하여 질문을 던졌다.

"감독님, 그렇다면 예를 들어 우리들의 삶에서는 그 볼이 어떤 모습으로 존재할까요?"

"좋은 질문이네요. 제가 볼 때 우리들 삶의 볼은 다양한 가치로 존재합니다. 그 가치는 비전일 수도 있고, 미션 또는 목적이나 목표일 수도 있겠지요. 중요한 것은 삶의 볼은 누가 강제로 부여하는 것이 아니라 스스로 만들고 자발적으로 선택할 때 비로소 나의 볼이라고 할 수 있다는 것이죠.

태산 씨! 많은 직장인들이 직장생활을 통하여 갈등하고 괴리감을 느끼며 살아가는 이유는 무엇일까요?"

"글쎄요. 비전이 없기 때문 아닐까요, 아니면 재미가 없거나요."

"물론, 비전도 없고 재미도 없고, 다 맞는 이유지만 가장 중요한 이유는 직장생활을 생계수단에서 바라볼 뿐이지 자신이 추구하는 삶의 목적차원에서 이해하고 활용하지 못하기 때문이지요. 운동이라는 그라운드에서도 보면, 팀의 목적이나 목표를 자신의 목적과 목표로 온전히 받아들이지 못하는 선수들은 항상 겉도는 플레이를 합니다.

세상도 마찬가지겠죠. 흔들리지 않는 인생의 원천은 자신만의 볼이란 확고한 목적에서 비롯됩니다. 논어에서 공자가 말씀하신 불혹을 들어보셨지요?"

"네. 사람의 나이 마흔을 불혹이라고 하지요. 마흔이 되면 어느 곳에도 유혹됨 없이 흔들리지 말아야 한다는 뜻 아닌가요?"

"그렇지요. 그러나 사람의 나이가 마흔이 되면 저절로 흔들리지 않는 삶을 살 수 있을까요?"

"그건 아니지 않을까요? 얼마 전 뉴스를 보니까 40대의 한국남성이 불행감을 가장 많이 느낀다고 하던데요."

"맞습니다. 결국 흔들리지 않는 삶이란 부두에 닻을 내린 채 녹슬어 가는 고정적 삶이 아니라, 목적지를 명확히 설정하고 파도를 가르며 앞으로 나아가는 배와 같은 삶이지요. 명확하고 의미있는 가치에 바탕을 둔 자신만의 명확한 목적을 지향하는 삶을 이야기합니다.

그것이 전략적 삶입니다. 환경의 불확실이 두려운 것이 아니라 전략이 없는 삶이 두려울 뿐입니다. 자신의 전략이 있는 자는 두려워하지 않습니다. 자신의 전략이 있는 자는 외롭지 않습니다. 그가 해야 할 소명이 있고 그가 걸어가야만 할 길이 있기 때문입니다.

생물生物을 넘어 생명生命으로

대부분의 현대인들은 자신의 가치와 목적에 기반한 '나'다운 삶을 사는 것이 아니라 세상과 타인들의 가치를 무작정 추종하는 '너'다운 삶을 살다가 갑니다. 자신의 내면에서 울리는 소리를 쫓아가는 삶이 아니라 세상이 소리치는 삶을 찾아서 오늘도 우리는 더 멋진 직장, 더 세련된 외모, 더 큰 평수의 집, 더 비싼 장비와 옷을 찾고 걸친 채 불안한 눈빛으로 삶의 그라운드를 헤맵니다.

화려함은 넘쳐도 깊이의 향기는 찾기 어려운 시대입니다. 자기중심의 상실, 콤플렉스에 기반한 비교경쟁의 질주가 현대인들의 영혼을 고사시키고 있습니다.

화려한 앵무조개를 자신의 집인 양 뻐기는 집게보다는, 거칠고 볼품 없어도 자신의 가치와 영혼이 깃든 자신의 거친 껍질로 살아가는 가재의 삶이 나다운 삶의 참모습일 것입니다."

삶은 생물生物과 생명生命 중 어떤 것을 선택할 것인지 요구합니다. 생물生物의 삶은 말 그대로 살아있는 물체에 불과한 생명 영위적 삶을 의미합니다. 반면에 생명生命의 삶은 삶의 소명을 스스로 창조하여 소명을 위하여 살아가는 전략이 있는 삶을 의미합니다.

"태산 씨! 태산 씨의 볼은 무엇이죠? 태산 씨가 진정으로 추구하는 가치, 태산 씨가 진정으로 하고 싶은 일, '태산 씨다움'이 무엇인지 대답하실 수 있나요?"

장 감독의 갑작스런 질문은 나를 당황하게 만들었다.

"부끄럽네요. 지금 돌이켜보니 진정으로 제가 추구한 것이 무엇인지 명확한 것이 하나도 없네요. 지금 생각해보니 자신의 껍질을 가진 가재가 되기보다는 화려한 남의 껍질을 이고 사는 집게가 되려고 발버둥치던 삶이었네요."

나의 말을 들으며 고개를 끄덕이던 장 감독은 계속 말을 이어나갔다.

"태산 씨의 가장 중요한 과제는 자신의 볼을 명확히 하는 일입니다. 즉, 자신다움을 느끼는 일을 찾아보세요."

"감독님, 누구나 자신이 진정 원하고 몰입할 수 있는 일을 찾아다니고 있지 않나요. 그렇지만 그게 쉽지가 않으니까 문제지요. 어쩌면 제가 여기까지 내려오게 된 가장 큰 원인이기도 하구요."

"맞습니다. 그렇다면 진정으로 내 삶의 목적을 어떻게 찾아야 할까요? 그것은 조금 전에도 이야기하였지만 나다운 삶을 정의하는 데서 시작합니다. 세상의 외침이 아니라 나의 내면에서 들려오는 울림에 귀기울이고 그 울림을 흔들림 없이 따라가는 삶입니다. 그것은 무엇이 될 것인가에 대한 대답이죠. 그것은 무엇을 소유할 것인가에 대한 답이 아니라 무엇을 표현하다가 갈 것인가에 대한 답입니다.

삶의 소명과 전략은 질문의 명료성과 접근의 엄격성을 통해서 비로소 그 모습을 드러냅니다. 내가 삶에서 표현하고자 하는 일이 무엇인가에서 한 발 더 나아가 내가 고독과 가난의 구렁텅이에 던져질지라도 간절히 하고 싶은 일이 무엇인가라고 물어야 합니다. 대부분의 사람들은 배도 부르면서 자신이 하고 싶은 일은 없을까를 찾습니다. 이와 같이 느슨한 낚싯줄에 매달린 매력 없는 미끼를 세상에 던지며 인생의 월척을 기대하곤 하지요. 절실하고 기름기를 발라낸 황골 같은 질문을 던지지 않는 한 세상은 답을 주지 않을 것입니다.

태산 씨, 쉼 없이 스스로에게 질문을 던지세요. 자신의 마음속 바다를 향하여 던진 질문의 크기만큼 답이 돌아올 것입니다. 오늘날 많은 청년들이 직장을 찾아서 헤맵니다. 과연 일할 자리가 없을까요? 일할 자리는 많지만 그들이 원하는 우아한 일터가 없다는 것이겠지요.

구직청년들에게 원하는 일자리가 무엇이냐고 물어보면 대부분 이런 설명을 합니다. 안정적이고 편안하고 사회적으로도 인정받는 회사. 그 설명을 들어보면 그들이 원하는 것은 일이 아니라 일을 하는 공간을 원하는 것임을 알 수 있지요.

그러나 기업의 경영자에게 물어보면 그들이 원하는 인재는 일자리를 찾는 사람이 아니라 일을 할 사람입니다. 공간의 안주를 벗어나 세상의 거친 파도에도 정면으로 마주 할 전사를 원하지요."

그 말을 마지막으로 장 감독은 자리에서 일어나 집에 갈 채비를 하기 시작하였다. 나는 장 감독이 운동장을 떠난 뒤에도 한참의 시간을 운동장 벤치에 앉아 있었다.

해가 서서히 떨어지자 선수들의 소란도 가라앉고 인적도 끊긴 그라운드에는 쌀쌀한 바람이 불어오기 시작하였다. 플라타너스의 낙엽은 누구도 안중에 없는 듯 소리도 없이 대범하게 떨어지고 있었다. 그곳에서 나는 외롭고도 두려운 심해를 향하여 스스로에게 질문을 던졌다.

그 순간, 삶은 하나의 평화로운 풍경이 되고 있었다. 서로가 서로에게 무심한 채, 자신들의 삶에 치열하게 열중하고 있는 시간. 내가 비로소 나에게로 참다운 질문을 던지는 순간, 나는 세상의 질서와 평화를 느끼기 시작하였다.

나는 그동안 참으로 어리석은 질문을 던지며 여기까지 걸어왔다. 배부름과 세상이 주목하는 가치를 향한 화려한 생물生物의 꿈을 꾸며 살아왔을 뿐, 굶어 죽어도 하고 싶은 나만의 가치와 목적이란 생명生命으로 존재하는 삶을 살아오지 못했었다.

그날 나는 오랜만에 평화로움을 느꼈다. 아니, 가을바람을 머금은 마른 가을 햇살만큼이나 가벼운 영혼의 풍요를 느꼈다. 그냥 걷고 싶었다. 자전거에서 내려 숙소까지 늦은 오후를 걸어갔다. 가을 어둠을 뚫고 숙소로 걸어가는 시간 내내 나는 세상을 향한 모든 의식을 내려놓은 채, 그동안 잊고 살았던 내 안의 깊은 바다로 질문의 낚시를 던지고 있었다.

"나다운 삶은 무엇이니? 너는 이 푸른 별에 무엇을 표현하러 왔니?"

자신의 볼에 집중하라!

다음날 아침도 나는 동강의 뚝방길을 걸었다. 몸은 노곤했지만, 정신은 상쾌한 아침이었다. 그 느낌은 참으로 오랜만에 느껴보는 가을 들판의 한줄기 바람 같았다. 바람은 편안하게 내 안의 들판에 자리를 잡아가고 있었다. 그저 가볍고 행복한 아침이었다.

아침 일찍 숙소 근처에서 아침을 챙겨 먹고 강산고로 향하니, 장 감독은 먼저 나와 있었다. 그가 장비를 점검하는 일을 마치자, 나는 조심스럽게 어제의 이야기와 연결된 질문을 던졌다. 손에는 어느새 메모지까지 준비가 되어 있었다. 그런 나를 장 감독도 의외란 표정으로 미소 지은 채 바라보고 있었다.

"감독님! 오늘도 궁금한 것이 많은데 질문을 좀 더 드릴게요."

그런 나의 말에 장 감독은 손사래를 치며 말을 하였다.

"아이구, 내 말에 속지 마세요. 시골 촌구석 럭비 감독의 말일 뿐이에요. 나중에 저보고 인생 책임지라고 하면 안 됩니다."

그 말을 던진 후 운동장과 나를 번갈아 보며 너털웃음을 짓고 있었다.

"감독님! 어제 환경역동성과 더불어 자신의 볼을 명확히 하라고 그러셨는데, 자신의 볼만 명확히 인식하면 다 되는 것인가요?"

나의 질문에 잠시 나와 운동장을 응시하던 장 감독은 답변을 하기 시작했다.

"어제 제가 생명生命으로 살기위한 방향역동성의 삶에서 제일 중요한 것이 '나의 볼을 명확히 선택하기'라고 했지요. 그러나 그것만으로는 반드시 성과를 낼 수 있다고 장담을 할 수는 없지요. 성과가 없는 개념은 열매를 맺지 못하는 꽃과 같지요. 제가 행동이 가장 큰 기도라고 했지요?

방향역동성을 실행하는 차원에서 가장 중요한 것은 '자신의 목적'이라는 볼에 집중하는 것입니다. 쉽게 이야기하면 모든 에너지를 집중하라, 힘을 몰아 쓰라는 이야기죠. 축구선수 박지성이 훌륭한 선수로 평가받는 요인들 중 하나가 플레이에 있어서의 집중력입니다. 누군가가 그런 이야기를 하더군요. 축구경기 90분 동안 박지성의 발에 페인트를 칠하고 뛰게 하면, 경기가 끝난 뒤 그라운드가 박지성의 발자국으로 도배가 되어 있을 것이라고요.

대부분의 선수들은 80퍼센트만 뛰어도 열심히 한다고 합니다. 제가 보기에 박 선수는 자신의 부족함을 채우기 위해 110퍼센트의 집중력을 통해 스스로를 단련시킨 선수입니다. 박 선수가 더욱 빛이 나는 것은 그라운드에서 보여주는 환경역동성이나 방향역동성뿐만 아니라 일상에서도 자신의 삶이라는 볼을 지키기 위하여 겸손과 절제의 모습을 보여주고 있다는 것이죠. 조금만 유명해지면 자신을 컨트롤 못해서 추한 나락으로 떨어지는 선수들과 비교가 되지요.

성공은 마약과 같아서 스스로 자만에 빠트리게 하고 어느순간 자신의 볼을 망각하게 합니다. 철학이 없는 개인과 기업에게 성공은 몰락의 전단계를 의미하곤 합니다. 개인이든 조직이든 모든 일이 술술 풀려서 기고만장하게 될 때 망신과 추락이 다가섭니다.

바로 이와 같이 방향을 명확하게 선택하기와 완전하게 집중하기가 바로 방향역동성의 중요한 메시지입니다. 이것을 한 마디로 표현하면 전략적 삶이지요. 세상에는 전략을 가진 사람과 전략이 없는 사람이 공존 하니까요. 제가 제대로 쉽게 설명했는지 모르겠네요."

나는 장 감독의 말을 통해 방향역동성에 있어서의 자신의 볼 선택하기와 집중하기란 두 가지 개념의 중요성을 이해했지만 한편으로 과연 그것이 오늘날의 성공을 모두 설명할 수 있을까 하는 의구심이 들었다. 그래서 다음 질문을 던졌다. 어쩌면 스스로의 현실을 인정하지 않으려는 자존심이 그런 어리석은 질문을 하게 했는지도 모른다.

올바른 볼에 집중하라!

"감독님, 삶에 있어서 선택과 집중의 방향역동성도 중요하겠지만 결과적으로 남보다 많은 권력이나 재물을 누리면 그것도 성공이 아닐까요?"

장 감독은 반항하는 사춘기 학생을 보듯 잠시 묘한 표정으로 나를 쳐다보더니 자신의 생각을 말하기 시작했다.

"물론 돈과 권력도 성공의 한 모습이겠죠. 사실 성공이란 정의하기가 매우 어려운 문제입니다. 분명한 것은 참된 성공은 현세보다 후세의 평가가 더 오래 이어지고 높게 평가된다는 것입니다. 또한 참된 성공은 개인의 주관적 가치와 사회적, 인류적 보편적 가치가 충돌하지 않고 서로 조화를 이루지요.

결과란 관점에서 돈만이 성공이라면 건달 몇 명 데리고 사채놀이를 하는 것이 제일 쉬울지도 모릅니다. 같은 부일지라도 세속적 부가 참된 기업가들의 부와 다르게 평가되는 이유는 그들이 만든 부의 시스템들이 우리 사회구성원의 보편적 삶에 바람직한 영향을 주고 있기 때문입니다. 그들이 애초에 의도한 목적이 더불어 사는 사회를 위한 부의 창조에 있었는지 알 수 없지만 결과적으로 그들이 만든 부의 시스템은 많은 개인들에게 새로운 삶의 선택과 기회를 제공하고 있습니다.

세월이 흐를수록 태산 씨나 제가 의식해야 할 것은 우리가 이 세상을 떠나는 날, 자신의 영정을 쳐다보는 많은 사람들이 '저놈'이라고 이야기할지 '저분'이라고 이야기를 할지를 생각하며 살아야 한다는 것입니다.

지금 우리들의 생활 언저리에는 수단과 방법을 가리지 않고 세속적 권력과 부를 추구하다가 자신뿐만 아니라 주변을 불명예로 몰아넣는 살아서도 '저놈' 소리를 듣는 천족賤族들이 얼마나 많습니까.

우리들이 사라지는 그 순간에 세상이 나의 사랑하는 가족들 앞에서 나를 두고 어떻게 이야기할지를 생각하노라면 참으로 함부로 살수 없다는 생각을 하게 됩니다. 같은 회칼이라도 올바른 목적과 목표를 가진 요리사의 손에 들어가면 행복과 존경의 도구가 되지만, 잘못된 삶의 목적과 목표를 가진 조폭에게 들어가면 불행과 파멸의 도구가 되는 논리이지요. 그래서 건강한 볼을 추구해야 한다는 것입니다."

나는 묵묵히 장 감독의 말에 고개를 끄덕였다. 내가 추구해 온 성공이란 것이 올바른 성공의 모습이었는지, 내가 이 세상을 떠나는 날 나의 자녀들이 나를 대신하여 들을 말이 '놈'인지 '분'인지 스스로에게 묻자니 잔잔한 긴장이 몰려왔다.

목적은 강건하게 목표는 유연하게!

"태산 씨, 올바른 목적과 목표를 이야기한 김에 하나를 더 추가로 설명하면 목적과 목표의 성격에 대한 것입니다. 목적은 가치를 기반으로 모든 개인과 조직이 추구하는 궁극적 실현가치이자 소명입니다. 반면에 목표는 그 목적을 실현하기 위한 구체적 행동경로를 말하지요.

많은 사람들이 목적과 목표에 대한 정의를 혼돈하거나 동일시하는 경우가 많지요. 목적은 항해자에게 길을 제공하는 북극성과 같은 것입니다. 항해자의 마음이 수시로 변해도 북극성의 위치는 변하지 않습니다. 이와 같이 목적은 강건해야 합니다. 수시로 바뀌는 방향성을 가지고 목적이라고 해서는 안 되지요. 반면에 목표는 유연성을 확보해야 합니다. 목적의 별빛을 따라가는 여정에 있어서 환경은 수시로 변하기 때문입니다.

아문센과 스콧의 남극탐험 이야기를 아실 것입니다. 그들의 목적은 인류 최초로 남극점에 도달하는 것이었지요. 그러나 아문센은 목적을 달성하고 모두 살아서 귀환한 반면 스콧은 33일 뒤에 남극점에 도달한 후 귀환 길에 모두 동사하는 비극을 당하였습니다.

그들은 비록 같은 목적을 가졌지만 실행의 경로인 목표관리 방식은 확연히 달랐습니다.

아문센은 에스키모인들의 삶속에서 검증된 개썰매와 털 가죽옷을 통한 경량화의 목표를 선택하였습니다. 반면에 스콧은 많은 먹이가 소요되는 만주 말과 검증되지 않은 스노모빌, 그리고 모직 방한복이라는 경직된 목표를 고집한 채, '남극점 도달'이라는 목적에 도전했지요.

자신의 목적이 강건할수록 실행경로인 목표는 환경과 조화되는 상황유연성을 가져야 합니다. 반대로 목적은 유연하고 목표가 강건하다면 성과는 없겠지요. 아마도 최악의 조합일 것입니다."

나는 장 감독의 말에 고개를 끄덕였다. 고지식할 정도로 목표의 유연성을 가지지 못한 지난 시간의 내 모습이 떠올랐기 때문이었다.

이어서 장 감독은 내게 질문을 던졌다.

"태산 씨, 오늘 우리 애들이 경기하는 것을 보았지요? 저 애들의 경쟁목표가 누구일까요?"

"그야, 당연히 제일고가 아니겠어요. 그쪽은 거의 프로 수준이던데요."

장 감독은 씨익 웃으며 이야기를 이어나갔다.

"그렇지요. 대부분의 사람들이 그렇게 생각하고 그렇게 말하지요. 그러나 바로 여기에 목표의 맹점이 있습니다. 우리의 내부에서 경쟁의 목표를 설정하고 그것을 목표로서 노력한들 그 내부의 경쟁목표를 뛰어넘기가 어렵지요. 저 아이들의 경쟁의 목표는 제일고가 아니랍니다."

"네? 그렇다면 다른 학교라도 있나요?"

"있지요. 그것도 멀리 저 바다 건너에. 작년에 뉴질랜드의 고등학교 선발팀이 럭비 홍보차 한국에 온 적이 있었습니다. 그때 우리 팀은 학교의 허락을 얻어 서울로 그 경기를 보러 갔었지요. 아이들은 대학생보다 좋은 신체 조건과 현란한 팀워크, 기술에 감탄을 했었지요. 그날 돌아오며 저는 학생들에게 이야기를 했습니다. 앞으로 우리의 목표를 저 뉴질랜드 고등학교 선발팀으로 정하자고요. 처음에는 웃던 아이들도 제 설명을 듣더니 진지하게 경쟁의 라이벌로서 우리 팀의 목표로 그 팀을 정하게 되었지요. 그날 이후부터 우리들 앞에 그 팀이 있다면 어떻게 할 것인가를 전제로 훈련을 하고 있답니다.

같은 설악산을 오르더라도 히말라야를 심중에 품고 오르는 사람과 단지 대청봉만을 목표로 하여 오르는 사람은 마음과 몸이 다르게 반응합니다. 히말라야를 품은 사람은 결코 대청봉에서 긴장을 내려놓지는 않지요. 목표의 대상이란 것이 그래서 중요합니다.

취업이 어렵다지만 취업을 준비하는 학생들을 보면 대부분 그들의 마음속 경쟁자는 한국에 있는 같은 또래 대학생들이지요. 어느 누구도 글로벌 시대에 맞게 하버드나 MIT의 또래를 경쟁자로 생각하지 않습니다. 이왕이면 하버드나 MIT의 미래의 경쟁자들을 라이벌로 설정하여 공부를 해 나간다면 보다 크고, 보다 다른 자신만의 내공을 쌓을 수가 있겠지요. 주변에서 자신의 목표와 경쟁자를 찾는 자는 주변을 뛰어넘을 수가 없습니다.

시대가 바뀌었어요. 이제 한국의 기업은 글로벌을 추구하지 않습니다. 이미 대한민국 자체가 글로벌이니까요. 바다에 진입한 연어가 하천의 사고를 한다면 그 연어는 베링해까지 성장의 여정을 할 수 없을 것입니다. 그런데 주변을 둘러보면 하천의 마음으로 바다에서 살아가려는 연어들이 너무도 많습니다. 그런 연어들에게 바다의 공간을 제공한들 그들이 다시 그들의 고향으로 생존하여 회귀할 가능성이 있을까요. 차라리 연어의 사촌인 열목어처럼 바다로의 마음을 내려 놓은채 계곡을 떠나지 않고 그곳에서 사는 것이 더 나을 것입니다.

두고보세요. 저 아이들은 시간이 지날수록 다른 성과를 보여줄 것입니다. 태산 씨도 비록 한국이라는 공간에 서 있지만 한국에서 경쟁자를 찾지 마세요. 세계의 우수한 태산 씨 또래를 가상의 경쟁자로 설정하고 노력을 기울여보시기 바랍니다."

나는 묵묵히 고개를 끄떡이며 공감의 표시를 보냈다. 그저 이 좁은 공간에서 아등바등 주변의 사람들을 넘어서려했던 지난시간의 노력이 부끄럽게 느껴졌다.

바다를 꿈꾸는 남대천의 연어가 되자! 오늘 비록 민물 속에 있어도 바다를 꿈꾸며 자신을 의심하지 않는 연어는 머지않아 북태평양의 검푸른 물결을 타고 있을 것이니까.

볼을 잡은 리더의 행동이 리더십을 결정한다

　나는 단지 낯선 운동으로만 여겼던 럭비가 인생과의 철학적 연관성으로 설명되는 것을 지켜보며, 이것이 평소에 관심을 두던 조직과 리더십 차원에도 중요한 의미를 가질 것이란 생각이 문득 들었다. 장 감독에게 나는 그날의 마지막 질문을 던졌다.

　"장 감독님, 방향역동성의 원칙이 리더십을 발휘하는 데 있어서도 의미가 있나요?"

잠시 말이 없던 장 감독은 이윽고 조용히 방향역동성과 리더십의 관계를 설명하기 시작했다.

"럭비는 철저하게 리더십과 파트너십의 조화를 동력으로 움직이는 전차라고 보시면 됩니다. 그래서 아이들에게 하자! 가자! 함께가자! 를 외치게 하는 것이죠.

럭비에서는 리더가 정해져 있지 않습니다. 매순간 볼을 쥐고 있는 선수가 실질적으로 팀의 전진과 성과에 영향을 미치는 리더죠. 그러나 볼을 쥐고 있는 순간 그가 리더인 것은 확실하지만 리더십이 있다고 말할 수는 없지요. 그의 리더십은 볼을 쥔 후의 행동에 따라서 결정되니까요.

볼을 쥔 선수들을 잘 살펴보면 몇 가지 재미있는 패턴이 나옵니다. 저는 단순히 볼을 가진 상태를 '1형 선수'라고 이야기합니다. 1형 선수는 기대한 만큼 앞으로 전진하지는 못하지만 놓치지는 않지요. 리더는 리더이지만 충분한 리더십은 발휘하지 못하는 수동적이고 성실한 현상유지적 리더에 불과하지요. 축구공 패러다임시대에는 이와 같은 1형 리더가 인정을 받았지요. 그저 시킨 것을 묵묵히 열심히 수행하는 착한 사람들이었지요. 그러나 럭비공 패러다임으로 환경이 바뀌면서 1형 리더들은 변화 교육의 대상자로 간주되고 조직의 고민거리로 전락하여 버렸지요.

그 다음으로 '0.5형 선수'가 있습니다. 이 선수는 항상 한 발짝 물러서서 관망합니다. 자신에게 이익되는 일만 골라서 하려고 하지요. 절대 위험을 감수하려고 하지 않지요. 적당히 행동하고 적당히 안주하는 행동이 그의 특성입니다. 기회를 만들기보다는 기회를 기다리기만 하는 선수이지요. 자신에게 이익이 되는 어느 순간 능동적으로 보이는 플레이를 하지만 그에게 볼을 맡기기에는 신뢰가 안 가지요. 잠시 필요에 따라서 이용할 수 있는 선수에 불과합니다. 이런 리더는 조직을 자신의 탐욕을 채우는 장으로 이용하는 정치적 리더지요.

세 번째가 '0형 선수'입니다. 유니폼은 입었지만 전혀 볼을 가지고 뛸 의사가 없는 그라운드의 방관자입니다. 절대로 볼을 주어서는 안 되지요. 무능과 태만의 액자형 리더라고 할 수가 있지요.

네 번째가 '1.5형 선수'입니다. 이 선수들이 역동적 리더입니다. 볼을 쥐면 위험을 무릅쓰고 기대보다도 훨씬 앞으로 전진하여 팀과 팀원들에게 길을 열어주는 역할을 합니다. 길을 찾기보다는 스스로 길을 만들지요. 누구나 원하고 누구나 인정하는 셀프 리더십을 갖춘 이 시대가 요구하는 역동적 리더의 전형입니다."

나는 장 감독이 숫자로 설명하는 리더의 유형에 흥미를 느끼며 말을 이어나갔다.

"그렇다면 '2형'에 해당되는 선수는 없나요?"

"'2형 선수'라. 굳이 설명하자면 기업가정신을 갖춘 리더일 것입니다. 기업가정신이란 위험을 회피하고 대박을 꿈꾸는 사람들의 이야기

가 아니라 위험을 당연하게 받아들이고 가능성과 가치를 추구하는 사람들을 의미하기 때문입니다. 그들은 언제나 혁신과 생존의 무한 책임 앞에 서있지요. 따라서 기존의 1이란 기준에 연연하지 않고 새로운 기준과 가치를 만들어내는 패러다임 혁신가들입니다."

바람직한 질서로서의 리더십

나는 재미있는 리더십의 설명에 미소를 지으며 귀 기울이고 있었다. 그 순간 장 감독은 내게 "태산 씨, 리더십이 무엇이라고 생각하나요?"라며 역으로 질문을 던졌다.

"글쎄요. 일반적으로 조직의 성과를 내기 위하여 영향력을 발휘하는 과정이라고 알고 있는데요."

"그렇지요. 리더십은 성과로서 설명이 되지요. 저는 리더십을 이렇게 해석합니다. 개인과 조직시스템이 직면한 무질서의 상황 속에서 바람직한 상태로서의 질서order를 만들어 가는 과정이라고요.

바람직한 상태인 질서는 고정된 가치로서의 질서개념이 아니라 명확한 가치와 목적에 의해 판단되고 행동으로 나타나는 보다 바람직한 상황이지요. 따라서 리더는 끊임없이 자기 자신과 대화를 해야 합니다. '나와 우리 조직의 존재목표는 무엇이지? 그리고 지금 우리는 무엇을 해야만 하는가?'라고요. 한마디로 리더십은 보다 나은 상황으로서의 질서를 찾아가는 의지와 행동의 여정입니다.

모든 시스템은 긴장 속에서 성장을 하고 성장 속에서 무질서로 해체되어가는 속성을 지니고 있습니다. 질서는 항상 무질서를 증가시키는 엔트로피entropy의 절대적 영향을 받기 때문입니다. 진정한 리더십은 무질서의 상황 속에서 빛을 발하는 행동이 만드는 가치개념입니다. 그런 측면에서 리더십은 무질서와 리스크를 먹고사는 유기체와 같은 존재이지요.

자연은 위대한 리더십의 특성을 지니고 있지요. 인간은 자연을 무질서로 이끌어 가지만 결국 그 무질서를 뒤집고 정화시키는 것은 인간이 아니라 자연입니다. 봄이 지나고 초여름 직전이 되면 하천은 가장 오염된 모습을 보이곤 합니다. 인간들이 버린 쓰레기와 오폐수가 여기저기서 하천을 오염시키는 것을 자주 보곤 하지요. 그러나 여름이 깊어지면 한바탕의 장마가 찾아오고 홍수는 그 무질서의 찌꺼기를 한순간에 쓸어가 버립니다.

국가사회도 탐욕과 불법이 만드는 무질서가 극에 달하면 민심이나 외부의 도전에 의하여 기존의 무질서는 변혁의 상황을 맞이하게 됩니다. 홍수가 자연에 정화의 기회를 제공하듯이 사회의 격동도 사회의 발전과 성숙에 기회로 작용하기도 합니다.

우리 몸도 적절한 다이어트를 통하여 근육의 자극이 강해질수록 근육질의 몸으로 변하듯이 사람들의 리더십도 위기와 무질서의 긴장 속에서 생존의 질서를 찾기 위한 능동적 행동을 통하여 길러집니다. 자극과 긴장이 없는 상황 속에서 길러지는 것은 리더십의 역량이 아니라 리더십의 지식일 뿐이지요. 지식은 판단과 분석의 도구로서 유효하지만 행동을 통하여 자기화시키지 못한다면 리더십의 역량으로 변환되지 못하지요.

같은 소고기의 단백질이라도 운동선수에게는 근육으로 변환되지만 운동부족의 직장인에게는 비만으로 변환되는 것과 같은 이치입니다. 그런 차원에서 볼 때 태산 씨를 둘러싼 환경은 태산 씨의 리더십을 성장시킬 수 있는 매우 좋은 자극적 환경이라고 볼 수가 있지요.

럭비처럼 상황을 피하지 말고 상황에 적극적으로 마주하세요. 언젠가 스스로 질서를 만들어내고 있는 자신의 모습을 바라보게 될 날이 반드시 올 것입니다."

"그런 날이 오겠지요?"

나는 장 감독의 말씀이 힘이 되는 격려로 다가오는 것을 느끼며 확인조의 반문을 하였다.

"그럼요. 환경의 도전이라는 시련을 대하는 개인과 조직의 태도를 보면 개인과 조직의 미래가 보입니다. 환경의 도전을 피한 민족과 개인은 사라졌듯이 환경의 도전을 적극적으로 마주한 개인, 민족, 조직에게는 보다 바람직한 질서로서의 미래가 존재하게 됩니다. 저는 태산 씨에게서 그런 용기를 느낍니다."

"네, 감사합니다. 꼭 기대에 부응하는 질서를 만들어내겠습니다."

나는 감사한 마음에 고개를 숙여 장 감독에게 경의서린 인사를 꾸벅하였다. 그런 나를 보며 장 감독은 만면에 웃음을 띤 채 나의 어깨를 두드려주고 있었다.

방향의 역동성을 질문하고 살펴라!

나는 럭비를 통하여 체득한 장 감독의 명쾌한 리더십 설명을 들으며 막연하던 리더십의 실체가 잡히는 것을 느꼈다.

'방향의 역동성이라! 도대체 그동안 나의 올 포 원은 무엇이었지? 지난 시간 나를 붙잡고 있었던 고시가 진실로 나의 올 포 원이었을까? 동영이가 나보다 부족한 환경에서 출발했지만 견고한 자기의 세계를 만들어 가고 있는 것은 방향의 역동성이 나보다 명확했기 때문이 아닐까? 나는 지금까지 어떤 성공을 향해 나아가고 있었던 거지? 지금까지의 내 삶에 대해 세상 사람들은 어떻게 생각을 하고

있을까?'

끊임없는 질문의 고리가 머릿속에서 펼쳐지고 있었다. 그날 장 감독과 헤어지고 나서 숙소로 돌아오는 길 내내, 올 포 원이라는 방향의 역동성에 대해 생각하며 그동안 내가 살아왔던 삶의 방식에 대입해 보았다.

장 감독의 대답과 나의 질문 사이를 오가며 몸을 뒤척이다가 새벽 세시가 다 되어서야 잠이 들었다. 바야흐로 내가 긴 시간을 통해 이해하고 풀어야 할 질서회복의 여정에 들어서고 있는 기분이었다.

나를 넘어 세상을 섬기라!

가치
역동성

自利利他

타인을 이롭게 하는 것이
나를 이롭게 하는 것이다

좀비들의 럭비

내가 장 감독을 다시 만난 것은 제일고와의 경기가 있은 지 2주가 지나서였다. 그 사이 나는 아침저녁 늦가을의 쌀쌀한 강원도 날씨로 인하여 겨울옷이 필요하던 터라 서울소식도 궁금하고 하여 잠시 서울에 올라와 있었다.

다시 영월로 내려오던 날, 아내는 버스터미널까지 나와서 아무 말 없이 손을 흔들고 있었다. 그런 아내가 고맙기도 하고 미안하기도 하였다. 버스가 출발한 뒤에도 한참을 서서 버스를 쳐다보던 아내를 보며 나는 속으로 중얼거렸다.

'여보. 조금만 기다려 줘. 반드시 예전의 씩씩한 나로 돌아가 당신을 행복하게 해줄 테니……'

늦은 가을날 오후, 나는 그렇게 아내에 대한 미안함을 뒤로한 채, 필요한 물건을 챙겨 강원도의 소읍으로 다시 내려왔다. 서울에서의 무거운 감상은 그 소읍에 도착하자마자 흔적도 없이 사라졌다. 나는 짐을 대충 던져놓고 강산고의 럭비구장으로 자전거를 타고 달려갔다.

학교의 정문으로 들어서자마자 멀리서 장 감독이 나를 알아보고 만면에 미소를 머금은 채 손을 흔들고 있었다.

"태산 씨 오랜만이네요. 무슨 일 있었어요? 운동장에 안 나와서 그러잖아도 궁금해서 며칠 전 동호를 시켜서 태산 씨가 있는 집에 갔다 오라고 했었지요."

"죄송합니다. 서울 집에 옷가지도 챙길 겸 급히 다녀오느라고 연락도 못 드렸습니다."

"아. 그러셨군요. 잘 오셨습니다. 마침 오늘 이 읍내 청년 럭비 클럽인 동강클럽과 저희 학교 팀의 시합이 있습니다. 조금 걱정이 되는 면은 있지만, 오랜만에 럭비시합을 한 번 즐겨보시죠."

"걱정이라니요, 무슨 말씀이신지요?"

"작년에 이 읍내에서 실업팀 전국럭비대회가 있었죠. 그 대회의 영향으로 기존에 다른 동호인 팀이 있었지만 젊은 사람들 주축으로 새로 생겨난 팀이 동강클럽입니다. 그들의 부탁으로 지도를 맡은 사람이 제 대학 제자인 이욱 코치입니다.

걱정이 되는 것은 겉멋에 빠져서 럭비를 한다는데 있지요. 심지어 럭비경험이 있는 일부 회원들 조차도 정신적 가치보다는 성과만을 외치는 지도자 밑에서 운동을 해오다 보니 얼이 빠진 몸의 운동만 합니다. 그러다 보니 기존의 다른 동호인 팀을 무시하기도 하고 위험한 플레이를 하기도 합니다. 멋이나 재미 이전에 그 안에 존재하는 철학이나 가치를 도외시한 채 하는 럭비는 참다운 럭비라고 할 수 없거든요. 얼이 없는 럭비는 좀비럭비일 뿐이죠. 그래서 요즘 이욱 코치도 매우 스트레스를 받고 있습니다."

오후 세시가 되자 수업을 마친 강산고 럭비팀 선수들이 하나둘 모여들었다. 이제는 나와도 친숙해져 모두들 먼저 다가와 반가운 기색으로 인사를 던졌다.

잠시 후 선수들은 팀 구호를 힘차게 외친 뒤 천천히 스트레칭을 하며 운동장을 뛰기 시작했다. 그 와중에 운동장 한쪽 구석에서 승용차 한 대가 들어와 멈춰 서더니, 약간은 검게 그을린 얼굴에 탄탄한 체격을 가진 삼십대 초반의 남자가 차에서 내렸다. 그는 뛰어와 "선생님, 안녕하셨습니까?" 하며 장 감독께 고개를 깊게 숙여 공손히 인사를 하였다.

"아! 이 코치. 그동안 잘 지냈어? 인사하지 그래. 자네 3년 선배인 김동영이라고 알지? 이쪽은 그 친구인 강태산 씨야. 태산 씨, 이쪽이 제가 말씀드린, 오늘 우리와 경기를 할 동강클럽을 지도하고 있는 이욱 코치입니다."

"반갑습니다. 잘 부탁드립니다."

"별말씀을요. 괜히 오늘 실망시키지나 않을지 걱정이네요."

그렇게 짧은 인사를 나눈 이욱 코치는 옆쪽에 있는 벤치로 가서 경기를 준비하기 시작했다. 그 사이 동강클럽의 선수들이 하나둘씩 자유롭게 운동장으로 들어오고 있었다. 참으로 가지각색의 복장을 한 채 운동준비를 하고 있었다.

경기시작은 세시 반으로 잡혀 있었지만 경기 10분 전이 되어도 동강클럽의 선수들은 다 도착하지 않고 있었다. 몸을 풀라는 이 코치의 지시에도 귀찮다는 듯 매우 소극적으로 응하고 있었다.

"이 코치님, 뭐 그리 서두르십니까. 애들하고 경기를 하는데, 그냥 천천히 즐기면서 하시죠."

몇몇은 실실 웃음을 흘렸고, 몇몇은 담배를 꺼내 피워 물고 있었다. 조용한 소읍의 운동장 건너편에서 벌어지는 문란한 광경은 장감독이 그동안 내게 설명한 럭비와는 너무도 다른 모습이었다. 그런 광경을 바라보는 장 감독의 얼굴에도 불편한 기색이 역력했다.

결국 약속된 시간이 넘어서도 동강클럽은 15명의 정식 인원이 채워지지 않아서 이욱 코치의 긴급 제의에 따라 10인제로 경기를 진행하기로 했다.

전반전 경기가 시작되었다. 경기장에서조차 진지함을 갖추지 못한 동강클럽은 나이는 어려도 1.5의 리더십 마인드로 무장한 강산고를 당해낼 도리가 없었다. 시간이 흐를수록 동강클럽은 자포자기의 플레이를 하기 시작하였다. 몇몇만이 고군분투할 뿐, 대부분은 열정도 없었고 기회가 와도 대충 동료에게 패스하기에 급급했다.

그런 광경을 바라보는 장 감독의 얼굴은 더욱 굳어지고 있었다. 전반전이 다 끝나갈 무렵, 옆의 동강클럽의 벤치로 느지막이 몇몇 선수들이 나타났다. 그들은 오자마자 이욱 코치에게 불평을 털어놓기 시작했다.

"코치님, 아니 인원이 다 안 왔는데 왜 경기를 합니까. 기다려주셔야 되는 것 아닙니까?"

"창피하니까 그런 말 그만 하시죠."

이욱 코치는 그렇게 말을 던지면서 먼발치에 서서 이 광경을 바라보고 있는 장 감독의 얼굴을 살폈다.

전반전이 끝나고 강산고의 캡틴 동호는 장 감독에게 다가와 상대 팀에게 매너를 지켜달라고 레프리에게 요청하겠다고 말했다. 장 감독은 묵묵히 고개를 끄덕였다. 레프리에게 달려간 동호가 건의를 전달하자, 이내 레프리는 양쪽의 캡틴을 호출하여 경기에 있어서 기본 매너를 지켜달라고 전달했다. 캡틴의 이야기를 들은 동강클럽의 벤치에서 자기들끼리 큰소리로 떠드는 소리가 이쪽까지 들려왔다.

"매너 좋아하시네. 그냥 부딪치고 트라이 많이 시켜서 재미있게 운동하면 되지, 무슨 놈의 말라비틀어진 매너야."

장 감독도 다 듣고 있었을 것이다. 그러나 장 감독은 담담한 표정으로 그들을 바라만보고 있었다. 후반전이 시작되었다. 후반전에는 동강클럽에서 늦게 도착한 선수들이 투입되었는데, 그들은 들어가자마자 강산고 어린 선수들에게 무시하는 말을 던졌다.

"야, 니들 천천히 해라. 아니면 이따가 죽는다!"

경기가 시작되자 강산고는 새로운 선수들을 보완한 가운데 정석대로 사이를 공략하고 좌우 공백을 만든 후, 긴 패스로 트라이를 성공시키는 전략을 구사하고 있었다. 반면, 체력도 매너도 바닥을 보이는 동강클럽은 강산고에 끌려가고 있었고 그 와중에 동강클럽의 무례는 극에 달하고 있었다. 학생팀인 강산고에게 비아냥거리다 못해 자기편끼리도 비난하는 목소리가 들리기 시작했다.

한 선수가 자기편에게 "야! 임마! 입 다물고 해!" 하고 소리치자, 반대편에서 다른 동료선수가 그 선수에게 맞받아치는 말을 하는 것이 목격되기도 하였다.

"야! 너나 조용히 해!"

내가 보기에도 그들은 정신이 이끄는 럭비가 아니라 몸뚱아리가 이끄는 럭비를 하고 있었다. 한마디로 좀비들의 럭비였다. 경기가 계속 꼬이자 끝내는 공을 잡지 않은 강산고 선수들의 옷깃을 뒤에서 잡고 늘어지기까지 했다. 레프리가 이내 동강클럽의 플레이에 대해 경고를 주었지만 그것도 잠시일 뿐이었다. 경고 메시지에도 불구하고 그들의 매너는 여전히 제자리를 찾지 못하고 있었고, 그런 클럽팀과 경기하는 강산고 선수들의 얼굴에는 곤혹스런 그림자가 깊게 드리워지고 있었다.

이런 복잡한 상황 속에서도 장 감독은 경기 내내 침묵으로 일관하고 있었다. 럭비의 정신을 그토록 중시하면서 왜 저런 상황에서 그냥 묵묵히 저 어린 선수들의 고통을 방치하는지 이해가 안 되었다. 경기는 그렇게 씁쓸한 풍경 속에서 막을 내렸다. 경기를 승리한 강산고 학생들의 표정에도 그림자가 드리워져 있었다.

성장을 넘어 성숙을 만드는 가치역동성

경기가 끝나고 뒷정리를 할 무렵, 미안한 표정을 지은 채, 이쪽 벤치로 걸어온 이욱 코치에게 장 감독은 동행을 제의했다.

"이 코치, 고생 많았어. 조금 있다가 태산 씨와 함께 막걸리나 한잔합시다."

셋이 함께 간 곳은 읍내 시외버스터미널 근처 골목에 숨겨져 있는 간판도 없이 허름한 선술집이었다. 유리창에 붉은 페인트로 쓰인 막걸리, 파전이라는 글씨는 이미 세월에 시달려 색이 바래 버린 지 오래였다. 오직 마을사람만이 그곳이 영업을 하는 곳이라는 것을 알고 있었다. 우리는 나무로 된 출입문을 열고 들어섰다. 삐거덕거리는 문소리에 덤덤한 표정을 한 뚱뚱한 할머니가 힐끗 장 감독과 우리 일행을 쳐다보았다.

"오랜만이구려. 샌님 같은 저분은 누구신가" 하고 말을 건네더니, 주문을 하기도 전에 오래된 옹기 항아리에서 막걸리 한 주전자를 퍼서는 탁자에 턱하니 놓고 주방으로 사라졌다. 한없이 무뚝뚝한 태도였지만 주방에서 풍겨 오는 파전 익는 냄새가 할머니에 대한 딱딱한 느낌을 지우며 미각을 자극했다. 노르스름하니 푸짐하게 구워진 파전을 안주 삼아 우리는 막걸리로 마른 목을 축였다.

나는 아까 상황이 이해가 안 되어 질문을 던졌다.

"감독님, 아까 그렇게 반칙과 무례가 난무하는 경기를 왜 가만히 내버려 두셨는지 솔직히 이해가 안 됩니다."

장 감독은 잠시 나를 지그시 쳐다보더니, 막걸리를 한 잔 주욱 들이킨 뒤 입가를 닦으며 이야기를 시작했다.

"태산 씨 입장에서는 그런 나의 모습이 이상했을 것입니다. 제가 얼마 전에 이야기했던 올 포 원all for one이란 방향역동성을 기억하시지요. 그런데 그것보다 더 높은 단계의 철학이 럭비에는 있지요. 그것은 '원 포 올one for all'이란 가치역동성입니다.

가치역동성은 자신의 가치를 자신을 넘어서 세상 속에서 발견하고 기여하려는 태도를 의미합니다.

방향역동성은 누구라도 이익차원에서라도 구현할 수가 있어요. 그러나 가치역동성의 원칙 원 포 올은 나의 존재의미를 세상 속에서 찾는 것이라 내적으로 성숙한 사람과 큰 내면의 그릇을 가진 사람들이 지향하고 실천할 수 있는 원칙이지요. 성장하는 사회는 성과를 지향하지만 성숙한 사회는 가치역동성을 지향합니다. 성장사회가 반드시 거쳐야 할 과정이 성숙을 만드는 가치역동성입니다. 자신의 가치를 자신만을 위하려는 이기적 본성을 극복하지 못한 개인과 국가 사회는 결국은 성장의 이력만 남긴 채 사라지게 되어있습니다. 가치역동성의 성숙한 가치를 실현하기 위해서 필요한 것은 철저한 자기절제와 희생입니다.

지난번에도 말씀드렸지만, 인생이나 조직은 하나의 그라운드지만, 이 그라운드의 성과란 것이 어느 한 개인의 탁월성으로 이루어지는 것은 아니죠. 세상은 보이지 않게 서로 연결되어 있습니다.

그라운드에 들어가면, 일단 나를 내려놓고 보다 큰 승리를 위해 내가 모두에게 어떤 의미가 될 것인지에 집중해야 합니다. 그런데 그곳에서 자기를 주장하고, 서로 간의 약속을 무시하고, 자신을 챙기지 않았다고 투덜대고, 상대팀을 비아냥거리고, 비열하게 뒤에서 욕하고, 이성적으로 자신을 절제하지 못한다면 럭비를 할 권리는 있을지 몰라도 자격은 없는 것이죠.

럭비처럼 산다는 것과 럭비를 한다는 것은 다른 차원이지요. 럭비를 하지만 몸의 럭비가 지향하는 궁극적 목적인 정신을 알지도 이해하지도 못한 채 운동장을 누비는 사람들은 무수히 많습니다.

반면에 자신보다는 세상의 발전과 행복을 위하여 실천하고 솔선수범하는 사람들은 럭비처럼 사는 사람입니다. 이순신 장군, 윤봉길 의사, 안중근 의사, 테레사 수녀, 앞서 대한민국의 발전을 만든 세대들의 희생적 삶 등 주변을 둘러보면 수많은 럭비처럼 산 사람들이 자신보다는 세상을 섬겼기에 오늘의 인류가 현재의 질서 속에서 살아가는 것입니다. 럭비를 하는 것은 하찮은 일입니다. 럭비처럼 사는 것은 위대한 일입니다.

이욱 코치도 잘 알다시피 저는 철학도 영혼도 없는, 현재에 안주하고 숫자에만 집착하는 좀비들의 럭비를 가르치지 않았습니다.

경기에서의 주인공은 선수들과 레프리입니다. 어떤 환경이 펼쳐지든 그 환경을 받아들이고 이겨내고 판단해야 하는 주인공들은 그들입니다. 경기를 하는 동안에는 감독인 나의 생각과 감정은 중요하지 않습니다. 그리고 그러한 약속이야말로 감독인 나 자신에게도 요구되는 가혹한 럭비의 원칙입니다.

마음에 안 든다고 소리치고 흥분한다면 그는 운동의 기술자일지는 몰라도 지도자는 아니겠지요. 모든 스포츠가 그렇듯이 럭비에서 지도자는 자기절제와 희생의 모범이 되어야 합니다. 속이 타고 열불이 나더라도 그것은 나의 문제일 뿐 그라운드의 문제는 아니죠. 어떤 환경의 그라운드에서도 그것을 불평하지 않고 자기를 희생하며 그것을 이겨내는 과제가 오늘의 그라운드에 있었던 것입니다. 오늘 그라운드에서 양 팀이 럭비경기를 하는 동안 이욱 코치나 저 또한 자신과의 치열한 경기를 했던 것이지요. 안 그렇소, 이욱 코치?"

이욱 코치가 고개를 숙인 채 묵묵히 고개를 끄떡이고 있는 것이 눈에 들어왔다.

"이제 제가 왜 그 상황에서 묵묵히 지켜보고만 있었는지 조금은 이해되실 것입니다."

나는 비로소 장 감독의 침묵을 이해할 수 있었다. 나는 고개를 끄떡여 이해의 메시지를 장 감독에게 보였다.

세상을 위하는 이들은 좌절하지 않는다

장 감독의 말이 끝나자 우리들 사이에는 조용한 침묵이 흘렀다. 많은 생각과 감회가 폭풍 같은 이야기의 충격파처럼 침묵 속에 휘몰아쳐오고 있었다. 그 무거운 침묵을 깬 것은 장 감독이었다.

"태산 씨, 파전이 맛있죠?"

"네. 할머니의 무뚝뚝한 표정과는 정반대인데요."

좌중에 유쾌한 웃음이 터졌다. 이윽고 장 감독이 말을 이어나갔다.

"이 맛있는 파전도 잘 들여다보세요. 어느 들판에서 이름 모를 농부의 그을린 얼굴 속에 파인 주름의 깊이가 이 밀을 수확했을 것이고, 밤을 설치며 닭장을 오가던 어떤 양계장 주인의 노고가 계란을 만들었을 것이고, 자식처럼 헌신하며 길렀지만 제 값을 충분히 받지 못했을 어느 할아버지의 손길이 이 파에 스며들었을 것입니다. 이렇게 세상은 누군가의 희생과 도움과 솔선수범, 그리고 땀이 어우러져 만들어지는 그림입니다.

그라운드와 인생은 정직합니다. 오직 나만을 위하여라고 주장한다면 잠시는 괜찮을지 몰라도, 럭비 그라운드는 정직하게 그 결과를 보여줍니다. 삶이 길어지고 깊어질수록 우리들이 스스로에게 되물을 질문은 '나는 어떤 의미로 존재하고 있고, 어떤 의미로 세상에 다가설 것인가'입니다.

우리 모두는 장 감독의 말에 고개를 끄덕이며 조용히 막걸리 잔을 들어 한 모금 마셨다. 우리들 사이에는 침묵이 흘렀다. 그 침묵 너머로 구석에서 꾸벅꾸벅 졸고 있는 할머니가 눈에 들어왔다. 할머니 머리 위에 놓인, 시간의 먼지가 겹겹이 쌓인 낡은 텔레비전에서는 평생을 판소리만을 위하여 살다간 명창의 타계소식이 애도하는 주변 지인들의 풍경과 여기자의 들뜬 목소리에 겹친 채 중계되고 있었다.

"허. 저 양반이 돌아가셨구먼. 대단한 양반이었는데. 태산 씨는 저 양반을 잘 모르실거요. 세대가 다르니. 저런 분이 진정한 예술인이지요. 태산 씨! 요즘 뉴스를 보면 조금만 좌절해도 쉽게 삶을 내려놓는 부끄러운 뉴스들이 도배를 합니다. 그에 비해서 저런 분들은 그 배고픔과 좌절의 시간을 걸어오면서도 쓰러지지 않고 자신만의 족적을 남길 수 있었던 이유가 무엇이라고 봅니까?"

"……."

예상치 못한 질문에 나는 아무 말도 못하고 장 감독을 쳐다보고 있었다.

"자, 제가 생각하는 답을 이야기하죠. 요즘 시대를 잘 살펴보면 모든 사람들이 성공을 위하여 광적인 질주를 합니다. 무엇을 위한 성공이냐고 물으면 그들은 이야기합니다. 자신만을 위한 것이라고. 지금 이 시간에도 이 땅의 청소년들은 학원차에 실려 이리저리 옮겨 다니고 직장인은 직장인대로, 사업가는 사업가대로, 분주히 자신의 성공을 위하여 광적인 질주를 하고 있습니다. 국민을 위하여란 표현이 직업인 정치인들조차도 그 마음의 흐름을 살펴보면 오직 자신의 권력적 이익, 자기당의 이익이 있을 뿐이지 영원한 대한민국의 이익은 장식에 불과합니다.

그러나 많은 사람이 결국은 좌절을 맛보며 소수는 그 고통을 못 이겨 스스로 목숨을 끊기도 합니다. 그러나 좌절하고 포기하는 그들의 시간보다 더 어려운 삶의 길을 걸어온 저분들은 꿋꿋하게 오늘을 살아 세상의 귀감이 됩니다. 무엇이 저와 같은 존경을 낳는 참다운 성공을 낳게 했을까요? 그 이유는 성공의 방향성 때문입니다.

지금의 세상은 온통 자신만의 성공을 갈구하지요. 럭비철학으로 설명하자면 '원 포 올one for all'이 아니라 '원 포 미one for me'의 성공을 추구하고들 있지요. 반면에 저 참다운 예술인들은 예술을 위한 예술, 세상의 행복을 위한 예술, 즉 앞서 설명한 가치역동성에 기반한 예술을 추구했던 것이지요.

자신만을 위한 가치, 자신만을 위한 성공의 방향성은 필연적으로 일어서기 힘든 좌절을 낳게 됩니다. 잘못된 성공의 방향성은 개인뿐만 아니라 국가와 기업을 존망의 위기로 이끌고 건강한 권위를 손상시킵니다. 그러나 세상을 향한 성공은 좌절하지 않습니다. 그들의 목적과 목표는 당대에 이루지 못할 수도 있는 높고도 높은 미션이기 때문입니다. 그들은 그 길의 어려움을 압니다. 그래서 그들은 쓰러져도 다시 일어나 갑니다. 가치역동적 미션을 가진 생명生命에게 좌절은 없습니다."

낮춰야 담고 낮춰야 얻는다

"존경 받는 성공을 이룬 이들이 말하지 않는 하나의 진실이 무엇인지 아십니까? 그것은 그들이 자신보다는 세상이 원하는 가치를 위하여 헌신하였다는 사실입니다. 철저히 자신을 낮추고 세상의 가치와 욕구를 위하여 자신의 모든 것을 헌신하니까 세상은 그들에게 지갑을 열고 정당한 권력을 허락합니다."

"이 자본주의 시대에 있어서 건강한 부와 명예는 지혜로운 자들의 차지이지요. 저는 그들을 지혜로운 이기주의자라고 하지요. 멍청한 이기주의자는 자신을 주장하지만, 지혜로운 이기주의자들은 자신을 낮춰서 세상을 담습니다. 저 그릇을 보세요!"

장 감독은 갑자기 주방에 놓인 바가지를 가리켰다. 할머니도 우리 일행과 바가지를 동시에 쳐다보고 있었다. 얼굴에 생뚱맞다는 표정이 스쳐 지나갔다.

"저와 같이 자신을 낮춰서 깊이를 만든 그릇엔 많은 물이 담깁니다. 그러나 반대로 자신을 높여서 뒤집힌 모양의 그릇엔 물이 담기지 않습니다. 물론 진정성이 없는 전술적인 자기 낮춤은 한계가 있겠지요. 그런 전술적이고 계산적인 낮춤을 통하여 설사 부와 명예가 오더라도 스스로 낮춤의 그릇을 유지할 만한 그릇이 못되기에 결국은 자만과 오만의 기운이 넘쳐서 그릇은 뒤집혀지고 그 모든 것은 사라지는 것이 세상의 자연스런 현상이지요."

성숙한 사회의 가치, 노블리즈 오블리제

"그렇지만 우리 주변을 둘러보면 권력과 불법을 통하여 상식적으로 이해 안되는 부를 축적하고 부를 누리며 사는 경우가 허다하잖아요? 그 결과 정직한 삶을 살아가는 다수의 사람들을 절망과 배신감으로 몰아가는 현상들을 어떻게 이해해야 하지요?"

나는 장 감독의 이야기에서 현실과 괴리를 느끼며 질문을 던졌다.

"그렇지요. 돌이켜 보면 우리나라 대통령치고 본인이나 가족, 측근들이 부패로 감방을 안간 사람들이 없으니까요. 슬픈 현실입니다. 더욱 슬픈 것은 그런 권력자들치고 정의, 민주주의, 서민을 외치지 않은 사람이 없으니까요. 그러나 그와 같은 오염된 권력과 부를 좀 더 긴 시간의 흐름 속에서 살펴보면 어떻게 될까요?

부자가 삼대를 못 가는 이유가 있지요. 대부분의 부가 삼대를 못 넘기는 것은 그 부의 방향성이 오직 자신만을 위한 부였기 때문입니다. '세상과 더불어'라는 노블리즈 오블리제의 철학이 없었기 때문이지요. 럭비는 귀족의 스포츠라고 하지 않습니까. 그 귀족이라는 것이 자신만을 위한 권력, 부에서 만들어진 권위를 가진 자들을 말하는 것이 아니라 나보다는 세상을 위한 성공과 배려의 사고를 가진 자들을 의미합니다. 오직 나만이라고 떠들고 다니고 허세를 부리는 자들은 배부른 천족에 불과합니다. 부러워 할 것이 못됩니다. 그런 부는 3대를 못 넘기니까요.

나만 배부르면 된다는 탐욕과 나만 살자는 극단적 이기주의가 사회의 상식으로 헤집고 다닌다면 그 탐욕은 개인을 무너트리고 극단적인 경우 조직과 국가를 소멸과 혼란으로 이끕니다. 사회가 성숙할수록 부와 권력의 지향가치는 자신을 넘어 세상을 향합니다.

오랜 세월 존경받는 부를 유지해 온 경주 최부자, 구례의 운조루, 강릉의 배다리 집 같은 명문가의 경우를 살펴보면 세상과 함께한다는 성숙한 가치역동성이 오랜 세월 그 집안경영의 핵심이었다는 것을 발견하게 됩니다. 경주 최부자의 경우 '사방 백리 안에 굶주리는 사람들이 없게 하라'는 육훈의 핵심, 쌀 두 가마니 반의 나눔을 실천한 구례 운조루, 과객을 위한 숙식의 봉사를 보여준 배다리집의 전통은 우리들에게 우리가 추구하는 부가 가야만 할 길을 제시하고 있지요.

럭비는 그런 의미에서 귀족들의 스포츠입니다. 나보다는 동료와 세상을 먼저 앞세우는 원 포 올이 지배하는 스포츠이니까요. 내가 앞장서 희생을 해야 길이 뚫립니다. 나만 살자라는 정신이 지배할 때 그곳에 길은 열리지 않습니다. 그래서 귀족으로서의 노블리즈 오블

리제를 실천해야만 하는 영국의 귀족 자제들은 필수적으로 럭비를 하지요. 내가 앞장서 희생하겠다는 귀족마인드가 너무도 절실한 시대입니다. 네가 죽어라 나는 산다는 천족의 마인드는 넘쳐도 내가 죽어 길을 열겠다는 귀족의 성숙함을 찾기 어려운 시대입니다.

지금의 한국사회가 그동안 이룬 성장을 넘어 성숙의 사회로 가기 위해서는 반드시 원 포 올one for all의 가치역동성을 갖춰야만 합니다. 만약 이 가치역동성의 노블리제 오블리제를 사회지도층과 가진자들부터 갖추지 않는다면 한국사회는 성장의 신화만 남긴 채 사라질 것입니다. 지금의 한국사회는 극한의 탐욕이 여기저기서 위험한 춤판을 벌이고 있습니다.

시간이 되시면 근처에 있는 카지노장에 한 번 가보세요. 그곳에는 돈을 많이 가진 사람들이 모여듭니다. 그러나 존경받는 참다운 부자, 오랜 세월을 이어갈 참된 세상을 위한 철학을 가진 귀족들은 없습니다. 단지 영혼 없는 부를 이룬, 방향을 잃은, 돈 많은 천족들이 여기저기서 얼굴들을 내밀고 있지요.

지금 당장 배가 부르더라도 영원히 그의 비석에 침을 뱉으며 저놈, 저놈 하는 소리를 듣는 그의 후손들의 삶은 행복할까요? 물론 가치의 문제겠지만 언젠가는 자손들 스스로가 그 존재를 부정하고 심지어 조상의 묘를 파묘까지 하지 않습니까? 태산 씨는 그런 삶을 원하세요?"

"아니지요. 생각만 해도 끔찍하네요. 그런 결과를 보면 당장의 배부른 천족보다는 후손에 떳떳한 가난한 귀족의 배고픔과 불편함이 낫겠네요."

"태산 씨가 이제 저보다 한수 위네요."

나의 답변에 장 감독은 껄껄 웃으며 막걸리 건배를 제의하였다.

"자, 우리의 이 배고프지만 마음 편한 귀족의 행복을 위하여 건배!"

사회적 성공과 자주적 성공을 관리하라!

나의 빈 잔에 막걸리를 따라주며 장 감독은 말을 이어갔다.

"태산 씨는 성공이 무엇이라고 생각하십니까?"

"글쎄요. 항상 꿈꾸고 추구해 왔지만 어려운 문제이네요. 자기가 원하는 삶을 사는 것이 성공이 아닐까요?"

"그럴 수도 있지요. 성공은 형식적으로는 객관적이지만 내용적으로는 주관적 개념이니까요. 성공은 크게 사회적 성공과 자주적 성공으로 나눌 수가 있습니다. 사회적 성공은 너다운 삶을 지향하는 과정에서 얻어지는 과실입니다. 반면에 자주적 성공은 나다운 삶을 지향하는 과정 속에서 얻어지는 과실이지요. 사회적 성공의 근원이 외재적이라면 자주적 성공은 내재적, 즉 자신의 내면에서 만들어지는 것이지요. 결국 완전한 성공은 자기다운 삶이 너다운 삶과 연결되는 성공이겠지요.

우리가 흔히 성공으로 인식하는 사회적 성공을 살펴보면 사회적 성공을 제공하는 주체는 상위에 존재하는 인사상의 권력을 가진 자들입니다. 흔히 그들을 우리는 보스, 상사, 자신의 리더라고 이야기하지요. 결국 사회적 성공에 있어서 50퍼센트의 비중을 차지하는 것은 권력분배권을 가진 그들을 만족시켜주는 활동에 있습니다. 저는 이것을 팔로워십이라고 이야기합니다.

상위권력자에 대한 태도와 일을 통한 성과가 만족될 때 권력자는 권력을 분배해주지요. 그런데 이 팔로워십을 제공하기 위하여 경쟁하는 그들은 2가지 수단을 하위수단으로 사용을 합니다. 그것은 리더십Leadership과 파워십Powership입니다. 흔히 악독한 사람들이 사회적 성취를 잘하는 이유는 그들이 권력제공자에게 위장된 팔로워십의 단 꿀을 바치기 위하여 혹독할 정도로 부하를 착취하고 이용하는 파워십을 사용하기 때문입니다.

한마디로 오직 원 포 미만을 추구하는 사람들이지요. 반면에 리더십을 발휘하는 이들은 상하관계의 조화를 고려하고 착취보다는 동기부여와 육성을 통하여 성과의 시스템을 구축하는 경우이지요. 즉,

원 포 올의 균형을 가진 사람들이지요.

리더들이 건강하고 바람직한 리더십을 발휘할 것을 주문하고 교육하지만 현실에서는 정반대 현상이 중심에 있지요. 이것이 현실 리더십의 딜레마입니다. 이런 리더십의 딜레마가 지속되고 조직문화로 자리잡게 되는 것은 인사권을 가진 리더조차도 단기적 성과주의에 쫓기기 때문입니다. 그들은 최상위의 권력결정권자들로부터 생존을 인정받기 위하여 이것이 올바른 현상이 아니라는 것을 알면서도 악독한 마름과 같은 파워십을 통해 만들어진 성과를 모른척하고 넘어가지요. 그러나 이런 조직은 필연적으로 소멸하게 되며 그 소멸의 사건이 의외의 상황과 시공에서 벌어진다는 것이지요. 그런 리스크를 떠나서라도 언젠가 그들이 그 자리를 떠나갈 때 세상은 누구에게 박수를 보낼까요?

이것은 언젠가 이야기했던 '놈'과 '분'의 이야기이지요. 옛말에 그런 말이 있지요. 주먹은 가깝고 법은 멀다. 바로 이 말이 현실에 있어서 눈앞의 이익과 성과를 위한 파워십Powership은 쉽지만 장기적인 이익과 전략적 성과를 위한 리더십Leadership은 어렵다는 말과 같은 이야기입니다. 따라서 성공에 대한 올바른 개념의 이해와 조화를 관리하는 것은 개인과 조직의 중요한 숙제이지요."

장 감독의 말을 듣던 나는 질문을 던졌다.

"감독님, 사람들이 2가지 차원의 성공을 모두 이룬다면 행복하겠지만 쉽지 않은 이야기로 보는데요. 그 중에 하나를 취하라면 어떤 것을 취하는 것이 현명할까요?"

"좋은 질문이네요. 가장 이상적인 것은 사회적 성공과 자주적 성공이 동일한 가치로 부합되는 것이겠지만 2가지 가치가 충돌을 한다면 저는 나다운 삶을 추구하는 자주적 성공을 취할 것입니다. 고독하고 약한 인간이 사회 속에 의지하며 사회적 성공에 몰입을 하지만 결국은 고독한 자신으로 돌아가는 속성상 세상의 환호가 사라진 자신의 자리에 돌아왔을 때 스스로에게 질문하는 것은 '나의 삶은 나다운 삶이었는가?'이니까요."

나는 긍정의 표시로 묵묵히 고개를 끄떡였다.

세상을 위하여 걸어가는 자는 아름답다

성공의 조화에 대한 말을 마친 장 감독은 내게 새로운 제안을 하였다.

"오늘은 태산 씨에게 숙제를 하나 더 내지요. 며칠 전에는 태산 씨다움, 태산 씨가 진정 원하는 태산 씨만의 볼을 찾으라고 했는데, 이제 그 볼의 수준을 한 단계 더 높여 세상의 행복에 도움이 되는 가치가 들어간 볼을 만들어보세요.

　오늘날 세상은 힘들다, 힘들다 하지만 과연 힘들다는 것이 우리시대만의 전유물일까요. 나만을 위한 삶을 추구하니까 힘들 뿐이지요. 세상에 자신만을 위한 레드 카펫은 존재하지 않습니다. 이 세상에 나만을 위한 길은 없습니다. 그러나 세상을 위한 길은 무한히 많습니다."

　나는 고개를 끄떡이며 양은 잔에 담긴 막걸리를 주욱 들이켰다. 쌀 막걸리의 하얀 빛깔만큼이나 나의 머릿속은 신선한 충격으로 모든 것이 백지상태가 되는 기분이었다. 장 감독의 이야기가 끝을 보일 무렵 막걸리가 몇 순배 우리들 사이를 오갔다. 장 감독과 이욱 코치로 대화가 옮겨간 사이, 나는 술기운에 편승하여 나만의 사유 속으로 깊이 빠져들었다.

　'나는 그동안의 삶에서 어떤 가치역동을 추구했는가? 내가 지난 시간 추구했던 그 성공의 목적은 무엇이었지? 지금 돌이켜 보면 고작 나만의 안위를 위한 흥분감에서 출발한 열정이 아니었던가? 내가 진실로 세상을 위하여 고시를 준비하고 세상 속에서 의미를 찾기 위하여 나의 일자리를 알아봤다면 오늘의 좌절은 과연 존재했을까?'

　뒤 돌아보면 지난 30여 년은 철저히 나만을 위한 미숙한자들의 길 원 포 미one for me의 시간이었다. 나의 사회적 성취를 위하여 부모님은 엘리트 코스라는 코스는 다 밟도록 해주셨고, 초등학교부터 고등학교까지 학원설계자 역할을 해주셨다. 나는 그저 그것만이 진실이고 세상에서 해야 하는 당연한 일인 줄 알고 살아왔다. 그 결과는 달콤하고도 무서웠다. 나는 언제나 우월한 성취를 얻었고 그 우월은 오만의 늪으로 나를 서서히 밀어 넣었다.

내가 대학을 졸업하자 부모님들은 그저 나만을 바라보고 계셨다. 이제 그분들이 나를 위하여 할 일은 없었다. 오직 좋은 대학만을 위하여 나만을 위하여 살아온 그분들이 내가 소위 명문대에 입학을 한 순간 그분들의 목적은 닻을 내리고 있었다. 그러나 그것은 부모로서 자식을 생각하는 그분들의 최선이셨다.

언젠가 대기업의 면접관이 내게 물었었다.

"강태산 씨는 지금까지 나보다는 세상을 위하여 살아 온 경험이 있으면 이야기해보시죠?"

나는 그 질문 앞에서 망연자실하였다.

'왜? 남을 위해서 살아야 하는데. 지금의 내 학력이 나의 성공을 말하고 있지 않은가? 지금 저런 질문을 하는 저 사람은 제정신인가? 그렇게 못사는 것이 무능한 것 아닌가?'

어느 순간부터 세상은 내가 살아왔던 방향과는 다른 방향을 내게 요구하고 있었다. 나는 깊은 혼돈과 방황 속에 빠져들고 있었다. 이제와 돌이켜보니 내 앞에서 벌어졌던 처절한 좌절은 잘못된 방향성으로 인하여 언제가 한 번은 직면했어야 할 당연한 결과란 생각이 들었다. 내 마음속에서 질문이 하나 살아나고 있었다.

'너는 또다시 너만을 위한 원 포 미의 삶을 선택하며 살 거니?'

그 순간, "태산 씨, 그만 갑시다! 그만 조시구요!"

귓전을 때리는 장 감독의 말에 나는 깜짝 놀라 정신을 차리고 주변을 살폈다. 장 감독과 이욱 코치가 어느새 일어서서 비몽사몽을 헤매고 있던 나를 미소를 지은 채 내려다보고 있었다. 이내 우리는 전깃줄이 무질서하게 늘어진 골목의 가로등 불빛을 따라 선술집을 휘적휘적 거리며 빠져나왔다.

술에 거나하게 취한 나의 발걸음은 방향이 흔들리며 휘적거리고 있었지만 나의 마음속에는 원 포 올이라는 방향성이 총총히 나의 정신의 심연을 후려치고 있었다. 숙소의 대문 앞에서 바라본 하늘에는 별이 총총히 오늘도 나를 내려다보고 있었다. 별 가운데 북극성은 유난히 빛나고 있었다.

'북극성아! 너는 좋겠다. 오늘도 그 높은 곳에서 방향을 잃지 않고 이 어두운 밤의 나침반 역할을 하고 있으니. 네가 참으로 부럽구나.'

성숙한 리더를 만드는 가치역동성

오랜만에 차가운 늦가을의 날씨가 누그러진 날, 가을 햇살은 맑다 못해 하얗게 부서지고 있었다. 그날도 나는 아침 걷기를 마치고 아침을 먹은 후, 들뜬 기대를 안은 채 다리를 건너 강산고로 출근 도장을 찍으러 가고 있었다.

정말 출근이나 다름없었다. 이제 매일 매일이 그라운드에서 벌어지는 풍경과 장 감독의 이야기로 채워지고 있었다. 운동장 가장자리의 플라타너스 나무 아래로는 잎이 수북하니 쌓인 채 이따금 부는 바람에 서걱거리고 있었다. 오늘도 나는 장 감독 옆에서 운동연습을 지켜보고 있었다. 다섯 명씩 편을 갈라 한쪽은 공격하고 한쪽은 방어하는 훈련이었다. 함께 연습을 지켜보던 장 감독이 그 훈련에 대해 설명하기 시작했다.

"오늘은 원 포 올의 가치역동성이 리더십과 팔로워십에서의 어떤 의미를 가지고 있는지 설명을 드리죠. 모두들 리더십, 리더십하면서 리더십을 만병통치약처럼 이야기하지만 리더십의 완성은 단지 리더만의 활동으로 이루어지는 것은 아닙니다.

리더십의 완성은 바람직한 성과를 의미합니다. 성과는 리더십을 아버지로 팔로워십을 어머니로 한 파트너십에 의하여 완성되어지는 위대한 작품입니다. 가치역동성은 바람직한 리더십과 팔로워십을 창출하는 데 있어서 핵심요소입니다.

리더십 차원에서 리더의 가치역동성은 리더의 능동적이고 윤리적인 솔선수범으로 나타납니다. 반면에 팔로워십 차원에서의 가치역동성은 팔로워의 능동적인 조력과 참여로 나타나지요. 만약에 가치역동성이 존재하지 않는 리더십과 팔로워십이 있다면 어떤 문제가 발생할까요?. 그것은 진정한 신뢰와 책임, 윤리에 기반한 전략적 리더십이 아니라 개인의 이익, 임기응변, 상호이용에 근거한 임시방편적인 리더십과 팔로워십의 차용에 불과할 것입니다.

리더십과 팔로워십의 우선순위를 정한다면 가장 선행되어야 할 것은 리더십입니다. 리더가 스스로 희생과 솔선수범의 리더십을 발휘하지 않는데 팔로워가 자신의 이기심을 버리고 희생적인 팔로워십을 발휘하지는 않을 것입니다. 물론 팔로워가 자기중심을 가진자라면 미숙한 리더가 제공하는 환경에 동요되지 않을 가능성은 높지만 일반적으로 리더에 대한 불신은 팔로워의 팔로워십 약화로 나타납니다.

이순신 장군이 승리로 이끈 명량대첩이나 노량대첩은 리더의 솔선수범이 얼마나 중요한지를 잘 보여줍니다. 두려움에 떠는 수군들 앞에서 제일 앞장서 전투를 하지 않았던들, 스스로 갑옷을 벗고 독전을 하지 않았던들, 그 날의 승리는 장담하지 못했을 것입니다. 이순신 장군이 위대한 것은 단순한 성과가 아니라 성과를 만드는 과정에서 보여 준 솔선수범의 가치역동성에 있습니다.

솔선수범하는 리더, 그를 신뢰하는 부하, 그리고 불길처럼 살아나는 팔로워십의 선순환이 필연적 성과를 만들어냅니다. 이와 같이 가치역동성은 리더십과 팔로워십의 핵심입니다.

지금 제가 한 이야기가 추상적이라고 생각된다면 저 학생들의 행동을 잘 보세요. 볼을 잡은 선수와 주변의 선수들이 어떻게 행동하는지를요. 볼을 잡은 선수가 앞으로 나가다가 보면 필연적으로 상대편 수비들에게 막히지만 고통과 위험 속에서도 동료를 위하여 한 발자국이라도 더 밀고 나아갑니다. 설사 쓰러지더라도 볼은 반드시 뒤의 동료에게 안전하게 인계를 하죠.

또한 커버링covering이라고 해서 주변의 동료들은 볼을 잡은 선수가 전진의 솔선수범을 보일 때, 볼을 잡은 선수를 보호하기 위하여 자신의 몸을 상대수비를 향하여 던집니다. 운동하는 선수들이야 그저 운동차원에서 저 상황을 보겠지만, 조직 차원에서 바라보면 리더십과 팔로워십의 바람직한 그림이 무엇인지를 보여줍니다."

정말로 그랬다. 그냥 공격하고 쓰러지고 하는 줄로만 알았는데, 자세히 보니 일정한 패턴이 있었다. 볼을 잡은 선수가 공격하다 저지당할 때 동료들은 순식간에 볼을 살리기 위해 그 선수를 보호하고, 공격하다 쓰러진 선수는 볼을 동료들에게 인계한 뒤에야 비로소 자신의 머리를 감싸며 자신을 챙기고 있었다.

장 감독이 이어서 말했다.

"자발적 희생과 협력에 기반한 럭비의 리더와 팔로워의 행동처럼 리더십차원에서 리더 자신이 자신을 넘어서 보여주는 원 포 올one for all의 초월행동이 가치역동성입니다.

어느 곳이든 영원한 리더도 영원한 팔로워도 없습니다. 누군가의 리더는 누군가의 팔로워로 서 있는 것이 세상입니다. 결국 훌륭한 리더십은 훌륭한 팔로워십에서 출발합니다. 훌륭한 팔로워십의 경로를 밟아 온 사람이 훌륭한 리더의 길로 들어서기 마련이지요."

"태산 씨는 어떤 사람을 훌륭한 팔로워라고 생각하세요?"

"예, 훌륭한 팔로워요? 글쎄요. 저번에 말씀하신 스스로 앞장서서 모범을 보이고 실천하는 1.5형의 리더와 같이 스스로 앞장서서 조직과 상사를 보좌하는 사람들이 아닐까요?"

"예. 정확히 이해하고 계시군요. 그렇습니다. 훌륭한 리더로 성장한 사람들의 과거는 훌륭한 팔로워였다는 공통점이 있지만 성실한 팔로워와 훌륭한 팔로워가 같은 의미라고는 할 수는 없습니다. 리더의 유형과 마찬가지로 그 적극성의 정도에 따라서 적극적으로 상황을 수용하고 바람직한 조력을 만들어 가는 1.5형 팔로워, 단지 수동적으로 지시된 것만 성실히 수행하는 1형 팔로워, 수동적이고 마지못해 일에 참여하는 0.5형 팔로워, 그리고 전혀 조력의 의지가 없는 0형 팔로워가 있지요. 결국 훌륭한 리더로 성장할 가능성이 높은 훌륭한 팔로워는 1.5형의 팔로워라고 할 수가 있는 것이지요.

모든 위대한 리더는 위대한 팔로워의 시간을 통하여 성장한 사람들입니다. 팔로워십을 기피하고 리더의 역할에만 집중하는 것은 뿌리를 무시하고 열매를 맺기를 기대하는 것과 같습니다. 설사 그런 부류의 사람이 리더의 자리에 설지라도 뿌리가 약한 그가 오래도록 꽃을 피우고 열매를 맺기는 힘들지요.

저는 저 어린 선수들에게 운동의 승리를 요구하지 않습니다. 그보다는 미래의 참다운 리더로서 나보다는 세상을 위하여 헌신하는 럭비처럼 세상을 담는 큰 그릇이 되라고 이야기를 하지요. 결국 큰 그릇이란 위대한 리더, 위대한 팔로워로서의 역할에 충실한 자를 이야기합니다.

다행히도 공부도 생활도 성실하게 럭비 패러다임을 실천하려고 노력하는 저 아이들을 볼 때마다 자랑스럽습니다. 최소한 이 교정에서 배운 럭비 패러다임만 이해하고 실천하더라도 저 아이들은 세상 어디를 가더라도 주눅 들거나 지탄받지 않는 삶을 살 수 있을 것입니다. 잘 아시다시피 태산 씨 친구인 동영이가 그런 제자 중의 한 명이지요."

"동영……."

그랬다. 동영이 그랬다. 소위 말하는 명문대학을 나온 것도 아닌데 그는 흔들림 없이 자신의 삶을 만들어 가고 있었다. 나는 이곳에 와서 장 감독과 럭비를 만나면서 그 이유를 비로소 알았다. 동영은 장 감독 밑에서 배워 온 럭비 패러다임을 받아들이고 실천하며 살아가고 있었던 것이었다.

나의 하늘 높은 줄 모르는 자부심과 자존심을 아는 그가 나와 함께 술을 마시며 나를 관찰하던 그 시간, 왜 말이 없었는지 이해가 될 것 같았다. 동영이 바라본 나의 현실은 능력의 문제가 아니라 삶을 바라보는 근본적인 패러다임이라고 판단했을 것이다. 그날의 상황 속에서 나를 꿰뚫어 보던 동영의 모습이 갑자기 떠올라 자존심과 그를 향한 존경심이 혼재된 묘한 기분이 잠시 나를 흔들고 있었다.

성숙한 사회를 만드는 가치역동성

11월 초에 있는 추계 전국럭비대회를 앞두고 강산고의 럭비구장은 오후 세시만 되면 치열한 연습이 그라운드를 달구고 있었다. 특별히 할 일이 없던 나는 오후만 되면 강산고의 럭비구장을 찾는 것이 일과가 되어 버렸다.

지나친 개인플레이로 인하여 근신하던 김민이라는 선수의 경기를 처음으로 목격한 것은 동강클럽과의 경기가 끝난 일주일 후, 지역최강이라는 제일고와 벌어진 연습경기에서였다. 그날 장 감독은 초반부터 김민 선수를 주전으로 기용했다.

경기가 시작되기 전에 장 감독은 김민 선수를 따로 불러 오늘 경기의 방향과 그가 맡은 역할에 대해 설명했다. 그날 김민 선수에게 부여된 포지션은 풀백[1]이었다. 경기의 진행흐름을 읽으면서 최종적으로 적절한 위치를 선점하여 상대팀의 돌파를 저지하고 자신의 팀에게는 진영을 갖출 수 있는 시간을 벌어주는 센스와 체력, 자기희생의 역량이 필요한 자리였다. 그러나 장 감독의 지시를 받는 그의 표정은 그리 밝지가 않았다.

---

[1] 수비의 최종라인에 서서 수비가 뚫릴시 공격을 저지하여 자신의 팀이 수비를 할 수 있도록 유리한 환경을 만들어 주는 역할.

그런 가운데 경기는 시작되었고, 아슬아슬한 박빙의 승부가 계속되었다. 체력이 약한 강산고의 틈을 파고드는 몇 번의 결정적인 돌파 위험이 있었지만, 그때마다 김민 선수는 나름대로 공격을 제어하거나 공격의 길을 미리 파악하고 팀에게 시간을 벌어주는 역할을 잘 수행하고 있었다. 그런데 전반전이 끝나고 벤치로 돌아온 김민 선수가 장 감독을 찾아왔다.

"감독님, 드릴 말씀이 있는데요……. 윙[2]이나 에이트[3] 역할을 제가 맡으면 안 될까요?"

김민 선수의 제의에 장 감독은 "풀백도 중요하단다. 전체를 보는 눈이 필요한 자리니까. 럭비에 중요하지 않은 자리는 없다. 네가 진짜 럭비선수가 되고자 한다면 어떤 자리든 그 자리를 빛나게 하고 그 자리에서 승리하길 바란다."는 말로 그의 부탁을 거절하였다.

풀이 죽은 채 그라운드로 돌아간 김민 선수는 후반전이 시작되자 눈에 띄게 자신의 위치에서 이탈하는 플레이를 보이기 시작하였다. 장 감독은 묵묵히 지켜보고만 있었다.

왼쪽 방향으로 공격의 기회가 생기자, 공격라인의 레프트윙 쪽으로 조금씩 이동하던 김민 선수에게 볼이 날아왔다. 순간 그는 폭발

---

2 공격의 좌우익에서 결정적인 순간 빠른 주력을 이용하여 트라이를 성공시키는 선수.
3 반칙시 발생하는 스크럼에서 8번의 번호를 부여받아 볼을 확보하고 공격의 방향을 결정하는 역할을 수행하는 선수로서 럭비의 꽃이라고도 불림.

적인 주력으로 상대 트라이 존으로 내달렸다. 그의 공격을 이어가기 위해 옆의 동료들이 거리를 유지하며 같이 달리기 시작했다.

상대 수비수들이 김민 선수 쪽으로 몰리면서 상대팀의 우측으로 공백이 생긴 것이 보였다. 오른쪽 빈 공간을 활용한 절호의 트라이 찬스가 만들어지고 있었다. 벤치를 지키던 선수들의 입에서 "오른쪽! 오른쪽!" 하는 소리가 연이어 터졌다. 김민 선수 오른쪽에서 달려가던 동료선수가 "패스! 패스!"를 외치고 있었다.

그 순간 힐끗 동료 선수를 쳐다보던 김민 선수는 수비수 한 명을 살짝 몸을 틀어 제친 후 또 다른 수비선수와 부딪힌후, 트라이 라인 앞에서 수비수와 함께 먼지를 풀썩이며 넘어졌다. 심판은 이내 트라이를 선언했다. 넘어졌던 김민 선수는 벌떡 일어나 하늘로 뛰어오르며 주먹을 힘껏 쥐었다. 득점에 한층 고무된 표정이 역력했다.

나 역시 그 멋진 트라이에 나도 모르게 흥분되어 장 감독 얼굴을 쳐다보며 한 마디 던졌다.

"정말 멋진 플레이네요! 대단한 선수네요!"

그러나 장 감독은 굳은 표정을 한 채, 신이 나서 기쁨을 표시하는 김민 선수를 바라보고만 있었다. 나는 순간 무엇이 잘못되었구나 하는 느낌을 감지하고 조금 전의 감탄을 조용히 거둬들이며 그라운드와 장 감독을 번갈아 보기 시작했다.

잠시 후, 장 감독은 보조심판에게 걸어가더니 김민 선수를 다른 선수로 교체하겠다고 통지를 하였다. 상대팀 진영도 술렁이기 시작했고, 갑자기 교체당한 김민 선수 또한 이해할 수 없다는 듯이 장 감독의 표정을 살피는 것이 보였다.

다시 경기는 진행되었다. 그 와중에 김민 선수를 벤치 밖으로 부른 장 감독은 무엇인가를 그에게 이야기했다. 그는 아무 말 없이 고개를 숙인 채 듣고만 있었다. 벤치로 돌아온 장 감독은 갑작스런 상황에 혼란스런 표정을 지으며 앉아 있는 나를 보고는 상황을 설명해주었다.

"제가 갑자기 김민 선수를 빼서 조금은 이해가 안 갔을 겁니다. 김민 선수가 잘못한 점은 자신의 역할을 경시하고 무단으로 풀백의 위치를 이탈했다는 것과, 결정적인 상황에서 동료를 무시하고 패스를 하지 않았다는 것입니다.

럭비는 개인의 영광을 위해 존재하는 스포츠가 아닙니다. 모두의 영광을 위한 모두의 참여와 희생을 바탕으로 한 스포츠죠. 전반전만 하더라도, 자신의 역할에 만족스러워 하지 않았지만 나름대로 절제하며 역할을 잘 수행했죠. 그런데 후반전에서 그 조용한 자기절제의 미덕이 깨졌고, 전체를 위한 플레이가 아니라 자신을 위한 플레이로 바뀌었죠. 결국 트라이라는 성과를 만들었을지 몰라도 그의 행동이 전체 팀원들의 신념과 상호 간의 신뢰란 팀의 성숙성을 파괴하는 무서운 결과를 초래할 수 있다는 겁니다."

"성과만을 지향하는 사회는 필연적으로 위기를 잉태합니다. 성과는 성숙을 통하여 비로소 완성이 됩니다. 성숙한 성과를 만드는 선수들의 특징은 어떤 자리의 어떤 역할을 맡겨도 그 자리를 소중히 여기고 그 자리를 빛나게 하는 선수들입니다. 그래서 성숙이 어려운 것이고 성숙한 사회를 만드는 것이 힘든 것입니다."

나는 그제야 장 감독의 결단을 이해할 수 있었다. 놀라운 성과를 내며 발전을 보여준 한국사회가 왜 오늘날 혼란과 갈등에 빠졌는지 이해가 되었다. 결국 대한민국의 구성원들이 가야 할 길은 가치역동성이 사회적 자부심으로 넘치는 성숙한 성과사회라는 것을 장 감독은 이야기해주고 있었다.

혼다의 럭비 어프로치

나는 조금 전의 상황과 장 감독의 판단을 생각하며 조직차원에서 원 포 올이 문화로 구현된다면 참으로 이상적인 조직문화가 형성될 것이란 생각이 들었다.

"감독님, 개인적 차원에서 원 포 올도 의미가 있지만 조직문화차원에서 원 포 올의 가치역동성이 구현된다면 가장 이상적인 조직이 될 것 같네요."

"그렇지요. 개인차원에서 원 포 올이 구현되는 궁극적인 그라운드는 세상이라는 거대한 조직입니다. 조직차원에서도 수많은 조직이 원 포 올의 철학을 구현하려고 노력을 하고 있잖아요. 그런 노력은 인사, 교육, 조직체계정비 등을 통하여 지속적으로 진행이 되고 있지요. 실제로 럭비의 철학을 조직경영에 응용한 사례도 있지요."

"실제로 럭비 패러다임을 조직에 응용한 사례가 있다구요? 어떤 회사인가요? 한국 사례인가요?"

"아닙니다. 일본의 혼다 자동차 사례입니다. 그것을 그들은 럭비 어프로치 방식이라고 합니다. 대부분의 기업들은 상품을 기획하고 생산하기까지 단계적인 릴레이 방식에 의존하고 있지요. 그러나 혼다는 하나의 상품을 공동의 목표, 공동의 볼로 인식하여 관련부서가 동시에 참여하여 함께 협의하고, 함께 결정하고, 동시에 작업을 합니다. 그들은 이런 동시적인 공동 참여방식을 통하여 만드는 상품을 '진정한 상품'이라고 부릅니다. 대표적인 것이 혼다를 대표하던 시빅이라는 차였지요.

이런 이상적인 럭비 어프로치가 가능했던 것은 조직 내에 '와이가야'라는 조직풍토가 있었기 때문에 가능했죠. '와이가야'는 일본말로 시끄럽고 자유롭게 의견을 주고받는 것을 의미합니다. 이런 럭비 어프로치는 조직원들의 경험이 부족한 경우 집단적 지성을 통하여 문제를 해결하는 데 있어서 효과적 방법이죠. 전체는 개인의 합 이상이니까요.

저희 강산고의 경우도 자동차를 처음 만들기 시작하던 혼다의 초창기 분위기와 비슷한 팀이죠. 의욕은 넘치지만 역량은 부족한 것이 사실이니까요. 그래서 저도 혼다의 럭비 어프로치식으로 아이들을 지도합니다. 가능한 공동의 목표나 과제를 서로 협의하고 의견을 내게 해서 자발적으로 시도하게 하지요. 의외로 큰 성과가 있었어요. 스스로 결정한 운동을 한다는 자부심에 동기부여도 되구요.

태산 씨도 나중에 조직을 운영할 때, 한 번 이런 럭비 어프로치를 적용해보세요. 아직 한국에서 이런 접근을 했다는 이야기를 못 들었는데 나름대로 의미가 있는 조직적 접근입니다."

절제가 명품을 만든다

흥미로운 혼다의 럭비 어프로치를 이야기하던 장 감독은 문득 자율에 대한 이야기를 꺼냈다.

"혼다의 사례에서도 자율적인 협의와 협력을 이야기했지만 럭비는 매우 자율적인 스포츠입니다."

"네? 자율自律은 스스로 알아서 한다는 건데, 솔직히 럭비는 왠지 너무 구속된 룰과 역할이 지배하는 것 같은데요. 잘 이해가 안 되는군요."

"그렇죠. 처음에 럭비의 문화와 훈련, 경기를 접하게 되면 모두들 지독하게 통제된 스포츠라는 인상을 받습니다. 그렇지만 자율이란 '자기 멋대로'라는 의미는 아니거든요. 그라운드의 약속을 잘 알고 규범을 긍정적으로 받아들이면서, 그 규범을 기꺼이 지키기 위해 스스로를 통제하는 것이 진정한 자율이죠. 약속을 정해놓되, 그것을 기분 내키면 존중하는 한낱 액세서리로 여기고 자신의 의지와 욕구만을 주장한다면, 그것은 자율自律이 아니라 자의恣意입니다.

성숙한 기업에는 자기규율의 절제가 녹아 흐르고 성숙한 사회에는 법과 규범을 존중하는 사회적 성숙이 흐릅니다. 미숙한 사회일수록 규범과 법은 권위를 잃은채 사회적 악세사리로 전락하곤 합니다."

이욱 코치가 어제 제게 말하더군요. 동강클럽에 자신이 있을 이유가 없는 것 같다고요. 규범의 자율이 제대로 지켜지지 않은 채 자의적인 해석과 언동이 난무하고 있다더군요. 참된 럭비는 아름다운 절제의 스포츠입니다. 이 시대에 필요한 것은 아름다운 절제를 진정으로 존중하고 자랑스러워하는 문화가 아닐까요. 태산 씨, 람보르기니를 왜 명차라고 하는지 아세요?"

"글쎄요. 비싸고 빠르니까 명차라고 하지 않을까요?"

"물론, 비싸고 빠른 것도 사실이지요. 하지만 보다 중요한 것은 시속 300km를 넘나드는 속도가 아니라 그 속도에 맞는 제어력을 갖췄다는 것입니다. 일반 승용차들의 계기판을 보세요. 계기판이 200km이상 표시가 되어 있습니다. 과연 그렇다고 그렇게 언제든지 달릴 수가 있을까요. 속도야 낼 수 있겠지만, 다양한 상황 속에서 운전자의 안전을 누구도 책임을 지지는 못할 것입니다. 명차라는 것은 속도를 낼 때 속도를 내고, 멈춰야 할 때 멈출 수 있는 제동력을 갖췄기 때문에 명차라고 할 수가 있는 것이지요.

사람들도 마찬가지지요. 표출을 자랑스러워하는 사람들은 길거리에 널렸지만 중요한 것은 그런 표출을 언제든지 제어할 수 있는 역량을 갖춘 사람들은 흔치 않습니다. 속도의 표현역량과 절제의 자기 제어력의 균형을 갖춘 사람이 진정으로 명품인재이지요. 그런 명품인재가 많이 길러지지 않는 우리의 현실이 안타깝지요.

텔레비전 속에는 재기의 표출이 넘치고 정치인의 입에서는 당장의 이익을 위한 그럴듯한 달콤한 주장이 넘치지만, 뉴스 시간만 되면 그런 표출을 제어를 못해서 벌어지는 사람들의 사건과 사고가 넘쳐나는 것을 우리는 매일 목격하고 있습니다.

일 년에도 꽤 많은 학생이 럭비를 하고 싶어서 찾아옵니다. 잘 할 수 있겠냐고 물으면 거의 대부분이 '자신 있습니다'라고 큰소리를 치지만 거의 열의 아홉이 반년도 채우지 못하고 소리도 없이 그만둡니다. 자신의 표출에 걸맞는 훈련을 감내하고 규율을 지킬 수 있는 자기 제어력이 없기 때문이지요. 나는 이렇게 큰소리만 치다가 사라지는 아이들을 '깡통 람보르기니'라고 부르곤 하지요. 비단 깡통 람보르기니 현상은 이곳만의 이야기는 아닐 것입니다."

"하하, 깡통 람보르기니라. 참 재미있는 표현이군요."

아름다운 구속, 자율. 나는 그동안 자율을 잘못 해석했던 것 같은 생각이 들었다. 많은 사람들이 자율自律을 외친다. 그러나 그 자율이라는 것을 럭비와 연결하여 생각해보니, 그것은 자의적恣意的인 행동을 승인해 달라는 요구에 불과할 뿐 약속의 불편함을 존중하겠다는 성숙되고 진실한 모습의 자율은 아니었다. 장 감독의 말처럼 이 세상에는 참으로 많은 깡통 람보르기니들이 오늘도 이 시간을 질주하고 또한 우리는 그런 외형에 속아 넘어가고 닮아가려고 한다. 결국은 빈 깡통인 것을.

나는 비로소 김민 선수의 교체 이유를 이해할 수 있었다. 기본적으로 김민 선수는 약속되고 기대했던 역할과 자기절제를 하지 못했던 것이었고, 결과적으로 전체의 자율에 부정적인 영향을 끼칠 가능성이 있는 행동을 한 것이었다. 김민 선수는 한동안 그날의 사건으로 인하여 의기소침한 시간을 보냈었다. 그러나 시간이 갈수록 그의 플레이는 장 감독의 철학이 녹아들면서 하나의 그림에 일조를 하는 모습을 보여주기 시작하였다.

그해 늦가을, 나는 럭비 그라운드에서 자신의 가치를 세상속에서 찾는 성숙성의 핵심가치인 가치역동성을 배우고 있었다. 지난 시절의 오로지 나만을 향하던 탐욕과 이기의 때를 벗는 시간이었다.

멈추면 죽는다!

실행
역동성

克世拓道

현재의 어려움을 극복하고
새로운 길을 만든다

길을 만드는 소년들

아침마다 동강 뚝방길을 따라 걷는 2시간의 운동은 그동안 방치해두었던 나 자신을 리모델링하는 시간이 되었다. 처음의 어눌하고 힘들어하던 시간이 반복 속에 지나가자 나에게 안정과 행복감을 제공하고 있었다.

지난 시간 고목처럼 버려졌던 나의 몸과 마음에는 새살이 돋아나려고 하는 기운이 스멀스멀 올라오고 있었다.

어쨌든 장 감독의 권유로 시작된 행동의 반복이었지만 이제 그것은 나의 중요한 문화가 되어 있었다. 그런 나의 즐거운 변화 속에서 장 감독과의 교류는 나의 몸과 마음의 터전에 새로운 원칙의 기둥을 만들어주고 있었다.

그 와중에, 강산고의 그라운드에도 변화가 일어나고 있었다. 개인 플레이에 빠져 있던 김민 선수는 차츰 팀과 조화를 이루는 플레이를 보여주기 시작했다. 그 즈음에 나의 관심을 끌던 선수가 있었다.

그는 팀의 캡틴[1]을 맡고 있는 박동호라는 선수였다. 그는 구장에서 마주치면 항상 밝고 씩씩한 목소리로 인사를 던지는 선수였다. 강산고 럭비팀 학생 모두가 약속과 규율을 철저히 지켰지만, 그 중에서도 가장 먼저 나와서 주변을 정리하고 자연스럽게 동료선수들의 분위기를 이끌어 가는 선수가 동호였다.

맨 처음, 그를 봤을 때 다소 왜소한 체격으로 인하여 럭비선수로의 기대나 호기심을 유발시키지는 못했었다. 그런 이미지를 불식시킨 것은 그가 경기 중 보여주는 행동들 때문이었다. 어떤 상황에서도 항상 밝은 표정을 짓고 있었고, 서로 얽혀서 넘어진 상황에서도 상대 선수까지 챙기는 동호의 성숙한 모습은 주변에 긍정적인 분위기를 조성하였다. 그의 행동이 더욱 빛나는 순간은 볼을 잡고 공격을 이끌 때였다.

빠른 판단력과 침착한 눈빛, 한 발 빠른 움직임 그리고 결정적으로 상대에게 저지당했을 때 그의 행동이 주는 감동. 그의 경기를 옆에서 보는 대부분의 사람들이 그보다 덩치가 큰 수비수가 그를 잡았을 때 포기하고 볼을 넘길 것이라 예상했지만, 번번이 그런 예상을 깨트리는 것은 동호였다.

그는 그 순간 한 번 더 온 힘을 다하여 수비를 밀어 제쳤고, 자만

---

[1] 럭비에서는 주장을 캡틴이라고 호칭한다.

하고 있던 수비는 그의 야무진 기세에 전진을 허락하곤 하였다. 그렇게 단 몇 발자국이라도 볼과 자신을 더 전진시켜 자기팀에게 유리한 공간을 확보해놓은 뒤에야 자신의 몸을 그라운드에 내려놓았다. 그 순간 그의 왜소한 체격은 피아간의 혼전이 만들어내는 먼지 속에서 사라져가곤 하였다. 그러나 그의 모습이 눈앞에서 사라진 그 격렬한 혼돈의 풍경 속에서도 그가 갖고 있던 볼은 그의 혼이 볼로 부활한 듯, 조용히 그 혼돈의 공간을 열고 길을 만들며 빠져나오고 있었다.

'어떻게 됐을까, 다치지는 않았을까' 하는 걱정에 다시 정신을 가다듬고 볼이 움직이는 방향으로 달려가는 선수들을 살펴보면, 그 속에는 어김없이 동호가 섞여 있곤 하였다. 동호는 그라운드든 그라운드 밖이든 참으로 자신의 매력을 이끌어내는 재주를 타고난 것처럼 보였다. 팀원들을 편애하지 않는 장 감독도 가끔은 나와 둘이 있는 자리에서 그를 인정하는 말을 하곤 했다.

"동호가 정말 럭비를 제대로 하고 있죠. 대부분은 수비에 막히면 제자리에서 포기하지만 동호는 그렇지 않아요. 상대의 힘을 역이용해서 한 발자국이라도 더 전진해서 동료들의 다음 공격을 편하게 해놓고 공을 인계하죠. 제가 럭비를 통해서 가르치고자 하는 원칙인 도전과 협력의 가치를 제대로 생활 속에서 실천하는 아이란 말이에요. 저런 아이를 보면 참으로 힘이 납니다. 럭비를 가르치는 보람을 느끼죠."

동호가 럭비를 시작하게 된 것은 고등학교에 입학한 그해 봄이었다고 한다. 서울에서 건설업을 하던 아버지가 지방공공건설 프로젝트를 맡으면서 가족들이 전부 강원도로 이사를 왔다. 마침 평소에 럭비에 관심이 많던 그의 아버지가 강산고에 정통 럭비철학을 중시하는 지도자가 있다는 소문을 듣고 일부러 찾아온 것이다.

동호의 아버지는 럭비를 직접 해본 것은 아니지만 영국유학시절에 럭비정신을 사회적 자부심으로 여기는 영국의 럭비문화를 접한 경험이 있었다. 동호가 서울에 거주하던 시기에도 여기저기 럭비팀에 가입시키려고 노력했지만 단지 성과만 중시하는 운동문화와 럭비철학을 이해 못하는 현실럭비의 한계 앞에서 노력을 멈춘 상태였다. 동호를 팀에 가입시키던 날 , 그의 아버지는 장 감독에게 럭비를 통하여 운동선수가 아닌 세상의 참다운 선수로 키워달라고 부탁했다고 한다.

사실 처음에는 장 감독도 동호의 역량에 대해서 반신반의했다.

"초반에는 다른 선수들 뒷바라지를 시키면서 자기절제를 가르쳤는데, 불평하지 않고 주위 사람을 편하게 해주는 동호의 모습을 보면서 럭비의 내적 자질을 충분히 갖추고 있구나, 하는 생각이 들기 시작했죠. 그 다음에는 기술을 알려주면서 연습에 참여하게 했는데, 럭비정신을 잘 이해해서 그런지 기술을 흡수하는 속도가 매우 빨라서 무척이나 인상이 깊었답니다. 어쨌든 지금 저 애는 우리 팀의 보배입니다. 경기장 안과 밖에서 주변에 좋은 기운을 불어넣는 에너지 원이죠."

세상에서 가장 큰 언어는 행동이다

동호에 대한 이야기를 많이 나눴던 그날, 장 감독과 나는 오랜만에 시외버스터미널 골목에 숨어 있는 할머니 막걸리집을 찾았다.

제법 낯이 익은 할머니는 편하게 나를 대하기 시작했고, 간간히 신상에 관해 물어보기도 하면서 안주를 이것저것 덤으로 갖다놓는 인심을 베풀기도 하였다. 고마움의 눈길을 보내면 머쓱한지 거친 얼굴에 울긋불긋한 홍조를 띤 채 시선을 텔레비전으로 옮기고는, 드라마의 배역에게 애꿎게 한 마디를 던지며 그 분위기를 빠져나가곤 했다.

"저 인간들은 배불러서 할 일이 없나, 매일 지지고 볶고 지럴들이란 말이야. 일들은 언제하고 매일 연애질인지. 저렇게 먹고사는 것이 신기하지 않소. 장 선상님?"

우리가 들어오고 몇 분 지나지 않아서 인근 산판에서 일하는 몇몇 인부들이 나무와 땀이 범벅된 독특한 내음을 가득 풍기며 들어왔다. 그 내음에 삶의 진솔함이 묻어나오고 있었다. 그들은 낯선 우리들을 힐끗 쳐다본 뒤 자리에 앉아 김치를 안주삼아 막걸리 한 통을 비웠다. 그리고 이내 조용히 막걸리만 비우던 그들은 우리들의 마음을 숙연하게 하던 노동의 땀내음을 남긴 채 어둠 속으로 사라져 갔다.

다시 우리 둘만 남은 시간, 장 감독은 럭비 이야기를 시작했다.

"태산 씨, 방향역동성과 가치역동성의 의미가 무엇인지 이제 잘 아시겠죠? 그런데 그 원칙만 가졌다고 삶에서 확고한 성공을 이룰 수 있을까요?"

나는 난해한 표정을 지으며 장 감독의 얼굴을 살폈다. 이내 나의 속마음을 알아챈 장 감독은 이야기를 이어갔다.

"리더가 목적과 목표를 명확히 하고 세상을 향한 가치지향의 자세만을 가지고 있다고 해서 조직이나 개인이 성장하고 발전하는 것은 아닙니다. 보다 중요한 것은 그와 같은 기본적 원칙을 바탕으로 실행이 뒷받침될 때, 비로소 성과와 성장의 업을 이룬다는 것입니다.

많이 아는 것이 중요하지 않습니다. 행동을 추구하지 않는 지식은 한낱 기둥에 새겨진 주문과도 같습니다. 지식의 목적은 변화입니다. 변화는 한마디로 말하면 행동입니다. 우리사회의 가장 큰 문제는 많이 알지만 많이 행동하지 않는데 있습니다. 그렇다고 행동이 무조건 선은 아닙니다. 바람직한 행동은 과거에 집착된 행동이 아니라 미래를 지향하는 행동입니다. 이 세상에서 가장 큰 언어는 행동입니다."

도전하기에 살아있는 것이다

"건강한 성과는 참된 실행의 열매라고 할 수가 있지요. 참된 실행은 승자들의 보증수표입니다. 그래서 럭비는 참된 실행의 의미로서 '고 포워드'를 주장합니다. 고 포워드란 지속적 도전과 전진의 의지, 운명 개척의 의지, 진취적 실행의 의지를 나타내죠.

럭비경기에서 볼을 가지고 전진하다 보면, 기본적으로 룰의 제약이나 상대 수비수들의 방해에 지속적으로 직면하게 됩니다. 연어가

산란의 소명을 다하기 위하여 거친 물살에 몸을 던지고, 날카로운 바위와 자갈에 몸이 찢겨도 굴하지 않듯이, 럭비는 환경의 도전과 시련에 굴하지 않고 끝없이 자신을 앞으로 던져 길을 만드는 실행역동성의 스포츠죠.

럭비에서 볼을 가지고 뒤로 도망치거나 우물쭈물 하는 광경은 찾아보기 힘듭니다. 만약 그런 선수가 있다면 그는 럭비 그라운드에 설 자격이 없는 거겠죠. 거친 상대방의 도전 앞에서 볼을 쥔 리더는 무엇을 할 것인지 행동을 신속하고 과감하게 결정해야 합니다. 밀고 나갈지, 수비를 흔들어놓고 패스를 해야 할지, 빠른 판단과 담대하고도 과감한 실행만이 이 볼의 생명을 지속하고 만들어 나갈 수 있죠.

럭비에서 이와 같은 실행역동성은 트라이try로 표현되어집니다. 럭비는 지속적인 도전행동을 통하여 상대팀의 최종라인에 들어서면 이를 트라이try라고 하여 득점으로 인정합니다. 트라이try는 우리말로 도전, 시도란 의미이지요.

럭비는 한정된 시간과 공간속에서 보다 많은 시도를 이룬 사람들을 가리켜 승자라고 합니다. 트라이 마인드에 럭비의 모든 정신이 함축적으로 담겨 있지요. 여기에 럭비의 인생관이 존재합니다.

세상은 한순간의 완성, 절대적인 성공의 상태를 꿈꾸지만 그런 것은 존재하지 않는 유토피아이지요. 제가 전에 자유란 결과가 아니라 과정의 상태라고 한 적이 있었지요. 세상이 추구하는 성공과 행복도 도전의 과정이 빚어내는 산출물일 뿐 고정적 상태는 결코 아닙니다. 모든 생명은 능동적 자기표현인 트라이 속에서 비로소 존재가 설명되어집니다."

"태산 씨는 살아 있나요?"

"……."

"도전하기에 살아 있을 뿐입니다. 트라이하기에 살아 있는 것입니다. 삶은 표현으로써 설명됩니다. 우리는 이 땅에 무엇을 이루려 온 것이 아니라 표현하러 온 것입니다. 이루겠다는 사람에게 삶은 끝없는 스트레스지만 표현하려는 사람에게 삶은 무한한 희망과 설레임의 시간입니다.

죽은 역사와 산역사의 차이는 트라이의 존재여부입니다. 모든 것들은 트라이를 멈춘 순간 죽은 역사 속으로 사라집니다. 그것은 국가도 조직도 개개의 생명도 예외가 아닙니다. 국가의 목적은 국민소득의 중대가 아니며 기업의 목적은 매출증대가 목적이 아닙니다. 지속적인 도전을 통하여 생명의 지속성을 유지해 나가는 것입니다. 소득이나 매출은 지속적인 생명활동 과정의 부산물일 뿐이죠.

지난 세기 대한민국이 이룬 눈부신 산업화는 최고의 트라이 정신이 활성화된 정점에서 만들어진 결과라는데 의미가 있습니다. 개인도 국가나 조직과 마찬가지로 성장과 성과는 트라이의 문화가 최고로 활성화된 시점에서 만들어집니다.

숨이 붙어 있다고 배가 부르다고 살아 있는 것은 아닙니다. 도전을 멈춘 개인, 조직, 국가는 죽어가는 존재입니다. 살아있다면 표현을 해야만 합니다. 멈추는 순간 삶의 죽음은 시작됩니다. 자랑스런 인생은 물리적 시간에 표현과 도전의 트라이를 곱으로 표현됩니다.

한 인간의 일상 언어빈도에서 안정, 쉼, 은퇴, 만족이란 말이 많은 비중을 차지하기 시작하면서 한 인간의 죽음은 시작됩니다. 지속적인 도전의 의지를 내려놓는 순간 질서의 긴장은 무질서의 에너지로 전환되어갑니다. 때때로 우리는 스스로에게 물어봐야 합니다. 숨쉬고 있는지 살아있는지를요.

제가 보기에 태산 씨는 태산 씨의 인생에서 잠시 고 포워드를 멈추고 있는 상황입니다. 조만간 태산 씨가 자신만의 그라운드로 돌아가게 되면, 다시금 삶의 트라이를 유지해야 할 것입니다."

멈추는 자는 죽는다

"럭비에 있어서 두렵다고 멈추면 나도 죽고 팀도 죽습니다. 두려울수록 앞으로 나가라고 럭비는 이야기합니다.

알렉산더와 칭기즈칸을 아시죠? 그들이 위대하다고 평가받는 것은 바로 그들이 보여준 고 포워드의 역사 때문입니다. 그들이 진취성과 지속성에 바탕한 도전을 추구하는 동안에 그들은 광대한 제국을 이루고 세계를 지배하였지요. 그러나 고 포워드를 멈추는 순간, 숱한 피와 땀의 열정이 만든 제국은 갈등과 분열 속에서 사라져갔지요.

그들의 지속적이고 진취적인 실행의 역사를 처참한 유린의 아픈 기억을 갖고 있는 우리들조차 인정하는 것은 바로 그들이 보여준 지속적이고 진취적인 실행의 리더십 때문입니다.

우리 주변에도 도전의 영감을 주는 영웅들이 있죠. 대표적인 사람이 산악인 고 박영석 씨입니다. 2005년에 세계 최초로 산악 그랜드슬램을 달성한 인물입니다. 산악 그랜드슬램이란 세계 7대륙 최고봉 정복, 북극점과 남극점의 정복을 말합니다. 또한 그는 최단 기간 내에 히말라야 8,000미터 고산 14좌를 정복한 기록도 갖고 있죠.

대부분의 사람들은 그가 그런 업적을 남겼을 때, 등정을 그만둘 줄 알았답니다. 남들 하듯이 자신의 이력을 바탕으로 방송도 나오고 광고도 하고 강의도 하면서 살아갈 줄 알았답니다. 그러나 그는 남

다른 산악인으로서의 철학을 가진 사람이었죠. 그런 그에게 어떤 지인이 왜 그런 고생을 계속 하냐고 물었더니 그러더랍니다.

"산을 올라야 산악인이죠. 동물원에 있는 호랑이가 호랑이입니까? 저는 새로운 목표를 가졌습니다. 그것은 저 산을 남과 다른 방식으로 도전하는 것입니다. 즉, 코리안 루트를 개척하는 것입니다."라고요. 그는 결국 코리안 루트를 개척하러 나섰다가 2011년 안나푸르나에서 실종이 되었지요. 비록 그는 사라졌지만 그의 새로운 길을 개척하려는 등로주의 정신은 우리들에게 많은 것을 시사해주고 있습니다.

세상도 그렇지만 등산에는 새로운 길을 개척하려는 등로주의와 단지 정상에만 오르는 것을 목표로 하는 등정주의가 있지요. 럭비의 트라이정신에서 볼 때, 럭비는 등정주의보다는 등로주의를 추구하는 스포츠입니다. 호연지기나 기업가정신도 등로주의가 핵심이지요. 지금의 시대가 원하는 것도 보다 차별적인 가치를 창조하는 등로주의입니다.

지금의 대한민국이 정체의 위기에 빠진 것은 자신만의 탐욕을 추구하는 변질된 등정주의가 사회적 가치로 득세하는 반면, 코리안 루트를 만들려는 등로주의의 열정은 식어가고 있기 때문입니다."

"태산 씨는 비즈니스가 무엇이라고 생각하세요?"
나의 과거 언급과 비즈니스에 대한 질문으로 팬시리 마음이 가라

앉은 나는 대충 얼버무리듯 대답을 하였다.

"글쎄요. 저도 처음 큰 기대를 가지고 고시를 시작할 때는 자신감 하나로 시작했는데, 그것만 가지고 되지는 않더군요. 마찬가지로 비즈니스도 단지 돈이나 열정 이상의 다른 요소가 존재하는 것 같은데……, 이렇게 좌절을 겪은 저로서 대답하기 어려운 질문이네요. 그나마 감독님을 통하여 럭비 패러다임을 배우면서 세상에 대한 윤곽을 조금씩 잡아가고 있습니다만……."

막걸리 한 잔을 시원하게 비운 장 감독은 내가 다시 따라준 막걸리를 젓가락으로 휘휘 젓고 있었다.

"내가 저어준 만큼 움직임의 풍경을 만드는 이 막걸리의 회오리, 멋지지 않습니까? 제가 보기에 인생과 비즈니스는 자전거타기와 같지요. 일단 자전거를 탄 이상 자전거를 탄 사람은 지속적으로 페달을 밟아야 하죠. 페달의 지속성이 무너지는 순간, 자전거는 관성의 에너지를 상실하고 쓰러지게 될 것입니다. 물론 처음 어느 정도는 그냥 가겠죠. 관성이라는 것이 있으니까요.

이 인생이라는 그라운드에 들어선 순간 우리에게 필요한 것은 지속적으로 삶의 페달을 돌리려는 고 포워드Go forward의 마인드와 실천입니다. 우리가 전진의 페달을 멈추는 순간 이 인생의 그라운드는 냉혹할 정도로 우리를 세상 밖 구경꾼으로 전락시키곤 합니다.

삶이 아무리 힘들지라도 인생의 주인공이 자신이라고 믿는다면 잠시 삶의 페달을 멈추고 호흡을 가다듬을지언정 내 삶의 자전거를 놓아 버려서는 안됩니다. 삶의 고갯마루가 가까울수록, 나의 삶이 높이를 갖출수록 삶의 페달은 힘들게 느껴질 것입니다. 힘이 들어 무너질 것 같은 그 순간 필요한 것은 한 발의 의지입니다. 삶이란 것이 빨리 간다고 살고 느리게 간다고 죽는 것이 아닙니다. 멈추면 죽을 뿐입니다."

나는 장 감독의 말에 반응조차 멈춘 채 막걸리만 계속 들이켜고 있었다. 막걸리 잔 속에 나의 얼굴이 그림자가 되어 흔들리고 있었다.

'얼마나 더 먼 길을 걸어가야 나는 나의 시간을 논할 수가 있을까. 저 분과 같이 기나긴 시간이 흐르면 내가 느끼는 지금의 이 불안이 수많은 산마루에 오르기 위한 작은 아픔의 한숨에 불과하였다는 것을 깨달을 수 있을까.'

세상아, 나를 위로하려고 하지 마라. 인생이 힘든 것이 아니라 힘들기에 인생이다. 그것을 받아들이기에 행복은 존재하고, 그것을 넘어서기에 또한, 행복은 존재할 뿐이다. 표현하기에 살아있는 것이고 멈추면 죽을 뿐이다.

소년과 럭비

한 소년이 있었다. 할아버지 대부터 시작한 양조장이 아버지 대에 와서는 사업장을 담보로 크게 확장되었고, 이제 양조사업은 전국적인 재건 사업의 붐을 타고 번창일로에 있었다. 어린 시절부터 똑똑하고 체격도 좋아서 항상 소년의 주위에는 친구들이 넘쳐났고 주위의 찬탄이 그치지 않았다.

그런 꿈같던 시절이 나락으로 떨어진 것은 중학교 2학년 무렵, 여름이었다. 소년은 신작로 길을 따라 시내까지 자전거 통학을 하였다. 그날도 소년은 아침에 내린 비로 여기저기 도랑이 생기고 자갈이 툭툭 튀어나온 길을 따라 집으로 돌아오고 있었다.

저 멀리 소년이 사는 면사무소 소재지가 보이기 시작했다. 그때 소년의 시야에 뭉실뭉실 하늘로 솟구쳐 오르는 검은 연기가 한가득 들어왔다. 소년은 '누가 기름이라도 태우나 보다' 하고 생각하며 자전거 페달을 힘차게 밟기 시작했다. 그때 오래된 트럭을 개조한 낡은 소방차 한 대가 요란한 사이렌을 소리를 내며 소년을 지나쳐 갔다.

마을 초입에 다 왔을 무렵, 소년은 너무도 놀라운 광경에 양손에 잡고 있던 자전거 손잡이를 놓고 말았다. 그것은 다름 아닌 소년의 집 양조장이 시뻘건 불길을 내며 타오르면서 검은 연기가 뜨거운 여름날의 하늘로 솟구쳐 오르는 모습이었다.

그날의 화재가 소년과 가정의 운명을 갈라놓았다 화재로 인해 대부분의 시설과 재료가 타버리고, 시설 확장을 위해 끌어다 쓴 사채의 압박으로 결국 양조장은 경매로 남의 손에 넘어가고 말았다. 소년의 아버지는 실의에 빠져 타지로 떠돌아다니기 시작했고, 어머니가 옷가게를 열어 근근이 생계를 유지했다. 갑작스런 집안의 몰락과 주변의 차가운 눈초리가 소년에게는 한없이 큰 상처로 다가왔다.

어머니의 만류에도 불구하고 공부를 멀리한 채 불량한 친구들과 몰려다니던 그가 운명적 만남을 갖게 된 것은, 그 지역의 소위 꼴통들이 모인다는 인근 도시에 위치한 공고에 진학하게 되면서였다. 중학교도 간신히 졸업한 소년의 성적으로는 읍내의 인문계 고등학교나 도청 소재지에 있는 명문 공고를 진학할 수 없었다.

소년은 그곳에서도 계속 패싸움에 연루되고 심심치 않게 어머니와 함께 학교를 들락거려야 했다. 어느 날, 그런 소년을 지켜보던 학교의 체육선생님이 그와의 면담을 요청했고 그 자리에서 창단중인 럭비팀에 와서 함께 운동할 것을 권유했다. 소년은 호기심과 작은 영웅심에 별다른 생각 없이 권유를 받아들여 운동을 시작했다.

처음 일 년 동안은 지루할 정도로 반복적인 운동방식과 지나칠 정도의 절제를 요구하는 운동스타일이 싫어서 도망도 다녔지만 그때마다 선생님은 집에까지 찾아와 소년을 기다리곤 했다. 소년을 만나면 선생님은 절대 럭비 이야기를 하지 않았다. 오직 소년을 걱정하고 소년의 이야기를 듣는 데 많은 시간을 보내곤 했다. 그런 날 밤이면 소년은 왠지 모를 미안함에 잠을 못 이루었고 다음날엔 제일 먼저 운동장에 나와 선생님을 기다렸다.

"2학년이 되고 첫 경기를 하던 날이었죠. 상대팀은 시내의 인문계 고등학교 럭비팀이었습니다. 인문계라고 뻐기는 그놈들이 참 싫었어요. 하지만 경기가 진행될수록 우리 팀이 실력에서 밀렸죠. 그도 그럴 수밖에 없는 것은 그쪽은 수십 년의 역사를 가진 팀이었고, 학교의 후원도 대단했으니까요. 잠시 쉬는 시간이면 우리는 커다란 양은 주전자에 담아온 수돗물을 벌컥벌컥 들이켜고 있는데, 그 애들은 사이다를 박스로 쌓아놓고 단팥빵까지 곁들여 먹더군요.

그때 나를 흥분하게 했던 것은 나의 수비에 나뒹굴었던 상대팀 주장이 일어나며 했던 말이었습니다. '돌대가리들이 힘은 세네.' 나는 순간 욱했지만 참았죠. 그리고 '그래, 두고 보자. 진정한 돌대가리가 뭔지 제대로 보여주마' 하고 그 주장을 기억하고 별렀죠.

공격이 계속 진행되고 가운데에서 빠져나온 공이 내게 굴러오면서 나는 수비와 1대1의 결정적인 상황을 맞게 되었습니다. 그 순간 나는 사고를 치고 말았죠. 공을 가지고 트라이 존을 향하여 달린 것이 아니라 그 주장을 향해 달렸고 그대로 밀어버렸던 겁니다. 고의적 컨

택[2]의 의도가 다분했기 때문에 결국 나는 퇴장당했고, 역전의 기회는 물거품이 되었어요.

나를 쳐다보던 동료들과 학교 관계자들의 표정을 눈치채고 순간 '아! 뭔가 잘못됐구나. 그래, 이제 그만두자'는 생각을 했습니다. 그때 진짜 짐을 쌀 요령으로 짐을 챙기던 나에게 럭비팀을 맡고 있던 선생님이 저를 부르시더군요. 따라간 곳은 수돗가 옆 플라타너스 밑의 벤치였어요. 선생님은 한참을 운동장만 쳐다보더니 이야기를 시작하셨습니다.

'민철아, 아까 네가 상대 주장에게 본때를 보여주는 모습을 보노라니 사실은 나도 속이 시원했어. 어쨌든 수고했다. 그런데 말이야. 럭비는 보복의 스포츠가 아니야. 진짜 보복을 하고 싶다면 네가 그곳에서 트라이를 했어야 했어.

이 세상은 그라운드와 같단다. 그 그라운드에는 많은 장애가 있지. 영광의 트라이를 그냥 주지는 않아. 방향을 명확히 하고 장애에 굴복하지 않고 앞으로 전진할 때 이 세상은 길을 열어준단다. 나는 너에 대해서 잘 알고 있어. 사실은 너희 아버님이 내 고향 선배님이야. 너는 잘 모르겠지만 지금도 가끔 너희 아버지와 연락을 취하고 있어. 아버지께서 너에 대한 애정이 크시더구나. 네가 힘들었다는 것 역시

---

2 공격을 저지하기 위하여 수비가 몸을 부딪혀 상대공격수의 전진을 저지하는 행위.

잘 알고 있어. 그러나 그것은 이 럭비 그라운드에서 네 앞에 펼쳐진 장애와 같아.'

선생님은 잠시 사이를 두고는 다시 말을 계속했습니다.

'민철아, 너도 알다시피 럭비는 앞으로 패스를 하지 못해. 하지만 그 누구도 그것을 탓하지 않지. 오히려 그것을 인정하고 서로 조금씩 더 희생하고 열심히 달리다 보면 승리할 수 있다는 것을 너도 잘 알 거야. 훌륭한 선수는 장애에 연연하지 않는다. 다만 조금 더 나아갈 뿐이지.

나는 너의 자질이 얼마나 뛰어난지 알고 있어. 네 삶의 그라운드에 펼쳐진 도전들에 속지 마라. 네 앞에 펼쳐진 다양한 사람과 사건으로 다가오는 시련은 시험지에 불과하단다. 그 시험지는 숙명이라고 이름 붙일 수 있지. 그러나 그 시험지를 푸는 것은 사람이야. 얼마든지 다르게 바라보고 다르게 해석하며 다르게 대할 수 있어. 바로 그 것이 운명이란 것이다. 너는 승자의 운명으로 살아야 하지 않겠니? 그냥 묵묵히 매일매일 네 앞에 놓인 장애를 이기고, 흔들리는 마음을 이기고 더욱더 앞으로 나아가거라. 요즘 많이 힘들 거야. 그러나 그 모든 것들은 계절과 같단다.

그 계절은 지나간단다. 너의 계절에 속지 말고 너의 계절에 발목 잡히지 말아라. 곧 너의 계절은 이 여름처럼 사라지고 그것은 너의 추억이 될 것이다. 나는 너를 믿는다.'

그날 선생님이 들려주시는 이야기로 인하여 당황스러움과 놀라움, 경이로움 같은 감정들이 내게 한꺼번에 밀려오더군요. 가끔씩 얼굴을 보이시는 아버지가 아직도 나를 사랑하고 있다는 사실이 고개를 숙이게 하고, 삶이 럭비 그라운드와 같다는 선생님의 말씀이 정신이 번쩍 나게 하더군요.

나는 선생님이 조용히 등을 두드려주시고 자리를 뜬 뒤로도 한참을 고개를 숙인 채 그 벤치에 앉아 있다가, 이내 수돗가로 달려갔습니다. 주체할 수 없을 정도로 눈물이 얼굴을 타고 흐르더군요.

지금 생각해보면 어린 사춘기 소년의 마음속에 맺힌 서러움과 분노 같은 것들이 한순간에 무너져 내렸던 것 같아요. 눈물인지 수돗물인지 분간할 수 없는 상황에서, 나는 쏟아지는 수돗물을 떠서 한참 동안 얼굴을 씻고 또 씻었습니다."

옛 감정이 벅차오르는 듯 잠시 먼 산을 쳐다보던 장 감독은 계속 말을 이어갔다.

"그 여름날의 플라타너스 나무 아래 벤치에서의 대화가 나를 새로운 인생으로 이끌었습니다. 그래서 제가 플라타너스를 좋아하나 봐요. 그때 이를 악물며 결심했어요. '그래. 나도 더는 가정환경을 탓하지 말자, 럭비처럼 조금씩만 더 열심히 살자, 나는 이 인생의 그라운드에서 물러나지 않을 것이다, 반드시 성공하고 말겠어!'라고요."

그 일을 계기로 소년 장민철의 방황은 끝을 맺었다. 그에게 새로운 삶에 대한 투지가 살아나기 시작하였다. 2학년 말부터 무섭게 공부에 매달린 결과 지방 국립대에 들어갈 수 있었다. 물론 그 대학생활이란 것이 고학을 하며 휴학과 복학을 반복한 10년이 걸린 시간이었지만, 흔들림 없이 그 세월을 이겨냈다. 그의 성실성을 지켜보며 신뢰를 보내던 대학 은사님의 후원으로 계속 공부를 이어나갈 수가 있었다.

그 후 대학 강단에서 전임강사를 거쳐 늦은 나이에 교수로 임용되어 교수생활을 하다가 퇴임 후, 고향으로 돌아왔다. 자신이 받은 삶의 은혜를 세상에 돌려주자고 생각을 하던 차에 마침 전부터 알고 지내던 강산고 교장 선생의 권유로 럭비팀을 맡아 학생들에게 삶과 럭비를 가르치고 있었던 것이다.

장 감독이 들려준 그의 삶은 한 편의 소설이었고 많은 사람들이 직면했을 한 시대에 대한 공감과 감동이 있는 이야기였다. 시간은 어느덧 열 시가 다 되어 가고, 침묵 속에서 낡은 회중시계의 추만이 지쳐 쓰러진 소읍의 심장처럼 찌거덕거리며 왔다갔다 반복하고 있었다.

그래도 자랑스런 대한민국의 실행역동성

"돌이켜보면 우리가 경험하고 우리가 누리는 대한민국의 성공역사는 럭비의 역사였어요.

조선시대의 봉건왕조가 일제의 강압에 의하여 문을 닫고 일제의 식민지란 불행 속에 빠졌던 근대의 역사, 그리고 그 터널을 벗어나니까 벌어진 동족상잔의 비극, 외세의 무기로 외세의 약속을 받고 이데올로기를 명분으로 김일성 집단이 시작한 처절한 살상의 역사, 참으로 지지리도 복이 없고 저주받은 듯한 역사였지요. 결국 한 바탕 피바람의 참상이 지나간 이 땅에 남은 것은 파탄에 빠진 국민의 삶과 온 산과 강에 뒹굴던 연고 없는 뼈들과 탄피들이었지요.

그래도 삶은 지속되었지요. 삶은 도도한 강과 같은 것이니까요. 가장 가난한 나라, 가장 불행한 나라의 현실 앞에서 앞서간 그 세대들은 울고만 있을 수는 없었을 테니까요. 모두가 불가능하다고 말했지만 확고한 신념과 명확한 이미지를 갖고 밤낮을 다투어 앞으로, 앞으로 전진한 역사였지요. 한마디로 대한민국의 성공은 실행역동성이 만든 역사입니다.

물론 그 전진의 역사 뒤에는 상처가 많았죠. 승리한 뒤, 그라운드를 빠져나오는 선수들의 온몸 여기저기에 영광의 상처자국이 남듯이 말입니다. 역사적 정의의 실패, 인권의 유린 등 많은 성장의 과정이 빚은 상처와 모순이 우리들에게 존재하였지만 그래도 자랑스런 대한민국의 역동성을 부정할 수는 없습니다.

역동성의 주변자들은 대한민국의 역동성을 부정하려고 합니다. 세상이 다 이런 것 같아요. 심해의 바다는 무게와 깊이를 가지고 있는데 주변의 파도소리만 요란한 것처럼, 중심을 이룬 자들은 고요한데 주변인들이 소란을 떨고는 하죠. 파도가 바다를 대변할 수는 없잖아요. 이런 것을 주변자 현상라고 불러야 하겠지요. 동네잔치에 가보면 정작 잔치집 소란보다 이웃집 개들의 짖는 소리가 더 요란하잖아요. 허허."

"어이구, 장 선상이 오랜만에 맞는 소리했구먼, 꼭 모자란 것들이 요란스럽더라구, 술을 마셔도 돈 안 낼 것들이 꼭 비싸니 맛이 어떠니 한다니께. 그게 다 그런 이유가 있었구먼!"

무심한 표정으로 텔레비전 화면에 눈을 주던 할머니가 흘낏 옆을 쳐다보며 맞장구를 쳐댔다. 우리는 조용히 미소를 지으며 할머니의 말에 동조를 했다.

실행역동성의 원칙 1: 절대 긍정의 환경인식을 확보하라!

"감독님, 그렇다면 실행역동성의 에너지는 어디에서 나오는 것일까요? 누구나 실행의 중요성을 알고 실행을 꿈꾸잖아요. 그러나 실행은 인류의 숙명적 잔소리처럼 항상 우리들 주변에 머무는 영원한 숙제잖아요. 요즘 시대를 많이 알지만 실행은 적게 하는 시대라고도 하던데요."

나는 누구나 쉽게 그 중요성을 알지만 또한 누구나 쉽게 다가서지 못하는 실행의 현상에 대하여 질문을 던졌다.

"좋은 질문입니다. 실행역동성은 인류의 영원한 가치요 과제이지요. 실행을 막아서는 장애요인들은 무수히 존재합니다. 그러나 장애요인 때문에 실행을 못하는 것은 아니지요. 실행이라는 단어의 의미를 파고들어 그 껍질 속의 본질을 살펴보면 필연적으로 존재하는 장애요인을 넘어서려는 의지가 담긴 성과창출 행동쯤으로 해석해야 할 것입니다.

우리들이 실행에 취약한 것은 당연히 존재하는 장애요인의 측면이 아니라 이를 인정하고 넘어서려는 내적 에너지가 부족하거나 실행을 위한 질서를 찾지 못하기 때문이지요. 그렇다면 보다 명확한 성과에 근접하는 사람들과 조직이 가진 실행역동성은 어떤 특징이 있는지 살펴볼 필요가 있습니다."

잠시 말을 멈추고 막걸리 잔을 쳐다보던 장 감독은 말을 이어가기 시작하였다.

"제가 럭비 그라운드에서 체험해보니, 위대한 성과를 창출하는 실행역동성은 크게 7가지 원칙에 의하여 촉진되더군요. 우리가 처음 만났을 때 제가 럭비는 인생이라고 말했던 것을 기억하시지요?

바로 그 내용으로서 실행역동성의 첫 번째 원칙은 환경에 대한 긍정적 태도에서 출발합니다. 아무리 그가 역량이 있더라도 환경의 불확실성을 긍정하지 못하고 두려워하거나 회피하고자 한다면 온전한 실행은 이루어질 수가 없지요. 세상은 단순한 반복행동을 원하지 않습니다. 실행을 원하지요.

하카 댄스를 추며 뉴질랜드 럭비 국가대표팀인 올블랙스는 소리칩니다. '까오라! 까오라!'라고요. 그 의미를 제가 이야기했지요? 바로 지금 이 순간 내 앞에 펼쳐진 모든 것이 인생이라는 절대긍정과 극복의 의지를 담고 있다구요. 뉴질랜드 럭비 국가대표팀이 세계최강인 이유는 마오리 전사들의 정신이 내면에 자리잡고 있기 때문입니다.

우리가 이 세상의 그라운드에 매일매일 서서 제일 먼저 할 것은 성급히 그라운드에 뛰어드는 것이 아닙니다. 섣부른 행동은 늘 사고와 절망을 부르곤 하지요. 내가 가는 길에 비가 올 수도 있고 햇살이 비칠 수도 있다는 환경에 대한 담대성을 갖추는 일입니다.

정주영 회장을 아실 겁니다. 대단한 양반이었죠. 그분이 한 말씀 중에 사업하는 사람들이 귀담아들어야 할 것이 있는데, 바로 담담한 마음을 가지라는 것입니다. 이 이야기는 비즈니스 환경의 변화에 대한 경영자의 기본적 마음구조를 말하는 것입니다. 희비와 긴장과 좌절이 상존하는 비즈니스의 그라운드에서 불확실한 비즈니스 환경에 일희일비하지 않고 담담한 마음으로 환경을 긍정하고 앞으로 나아가는 것은 큰 업을 이루는 자들의 기본이라고 할 수가 있겠지요."

실행역동성의 원칙 2: 신념을 강화하라!

"두 번째로, 상황을 헤쳐 나가고 문제를 해결하는 신념을 강화해야만 합니다. 이 우주를 이루는 2가지 요소는 환경과 자기 자신입니다. 내가 삶에서 이루는 성취는 환경과 자기 자신간의 화학적 결과물이지요. 환경과 자기 자신에 대하여 보다 의지적으로 긍정적 인식을 하고 긍정적 증거를 축적해 갈 때 그 화학적 결과물은 바람직한 상태를 우리에게 보여주지요.

긍정적 자기신념은 확고하고도 안정된 자신의 가능성에 대한 믿음입니다. 이 믿음 또는 신념을 자신감 또는 자존감이라고 표현하지요. 신념은 일반적으로 그 사람의 경험과 상상에 의하여 만들어집니다. 문명을 통하여 축적된 역사적 자존감이 높은 민족이나 긍정적 자기인식의 경험이 만드는 자존감이 높은 개인이 일반적으로 보다 넓고 견고한 신념을 보유하게 되지요. 자신감에도 거짓 자신감이 있고 진짜배기 자신감이 있습니다.

거짓 자신감은 상황이 유리하게 돌아갈 때 기고만장해지는 교만의 다른 이름이죠. 리더십과 마찬가지로 상황이 좋을 때는 그가 진짜 참된 자신감의 소유자인지 아닌지를 모릅니다. 그때는 소인배들이 더욱 목에 힘을 주고 다니니까요. 참된 자신감은 좋은 상황에서 가려지는 것이 아니라 최악의 상황에서 상황을 대처하는 태도를 통해 판단됩니다.

　어떤 상황에서도 일관되고 안정된 자기 긍정은 모든 장애를 뛰어넘어 개인과 조직을 앞으로 나아가게 하는 에너지원이 될 수 있죠. 태산 씨는 지금 자기 자신을 충분히 인정하고 믿고 있습니까?"

　나는 그 질문에 할 말이 없었다. 돌이켜보면, 지난 시간 모든 것이 잘 되던 때에 나는 두려움이 없었고, 교만과 허세가 지나쳐 얼굴이 화끈거릴 법한 자기자랑을 여기저기 떠벌리기까지 한 순간도 많았다. 그런 나를 향하여 손가락질 하는 사람들의 모습을 목격할 때마다 반성하기는커녕 단지 뒤떨어진 자들의 열등감에서 나온 시샘이라며 허세를 부리곤 했었다.

　그런데 지금 나는 어떤 모습인가. 그 자만의 시간 속에서 추락한 나 자신을 똑바로 바라보고 인정할 용기마저 없어서 방황한 시간들, 과연 나에게 참다운 자신감이 있었던가 하는 의문조차 들었다.

　"태산 씨! 참된 실행은 편안하고 담담한 자신에 대한 무한한 신뢰를 바탕으로 이루어집니다. 물론 자신에 대한 안정적 신뢰가 없더라도 의지적 실행을 지속하다 보면 그 과정속에서 자존감이 축적이 되는 것이죠.

　신념이 건강한 사람은 내면의 빛을 가진 사람입니다. 그들은 자기 자신의 내면에서 뿜어져 나오는 빛을 자각하는 사람들입니다.

　흔들리는 촛불처럼 실행역동성이 위태로운 사람들은 자기내면의 빛에 대한 의심과 불안으로 특징지어집니다. 그들의 실행지표는 '될까? 안 될까?'입니다. 그러나 역동적 실행을 창출하는 사람들의 지표는 '내가 지금 하고 있는가? 안 하고 있는가?'입니다.

진인사대천명이라고 들어보셨을 것입니다. 이 하늘 아래에서 인간의 가장 큰 사명은 자신을 신뢰하며 인간으로서의 최선을 다하는 진인사일 뿐입니다. 진인사는 결국 트라이입니다.

누군가를 진심으로 순수하게 사랑한다면 그에게 사랑을 표현하는 것이 인간의 진인사이거늘 사람들은 표현의 시도는 하지 않은 채 하늘에게 맺어줄 것을 기원만합니다. 짝사랑은 사랑이 아닙니다. 순수한 사랑은 용기로서 표현한 순간 완성이 되는 것입니다. 맺어지고 안 맺어지고는 하늘의 숙제이지 인간의 숙제는 아닙니다.

3년 내내 나태한 시간을 보낸 학생의 부모가 팔공산 갓바위 부처님께 빌고 교회나 성당에서 하나님께 빈다고 그 학생이 원하는 좋은 대학을 갈 수 있을까요? 그런 일은 없을 것입니다. 사람들은 스스로 자신의 숙제인 진인사는 하지 않은 채 하늘의 권한인 대천명을 탐합니다.

진정한 삶의 호연지기는 굳건한 자기 신념을 바탕으로 표현의 최선을 다하고 결과의 소임은 하늘에 맡겨둔 채 편안하고도 깊은 잠을 청하는 것이지요. 그렇지만 대부분의 사람들을 진인사의 소임은 하지 않은 채 하늘만 쳐다보며 조마조마 한평생을 살다가 갑니다. 결과가 안 좋으면 자신에대한 믿음이나 진인사의 소임은 살피지 않고 하늘이나 원망하곤 하지요.

태산 씨도 마음속에 도사리고 있는 의심의 지표를 걷어내세요. 언제나 자신에게 되물어야 할 자신의 지표는 내가 될 수 있을까?가 아니라 '내가 지금 하고 있는가?'입니다. 아셨죠!"

"예! 잘 기억하겠습니다."

나는 깊은 심호흡을 하며 장 감독에게 의지에 찬 눈빛을 보내며 대답하였다. 참된 자신감이 내게 있었다면 잘 되던 시절이나 못 되던 시절이나 항상 담담하면서도 당당했을 것이다. 그 참된 자신감은 비록 어둠속에 내가 둘러싸여 있을지라도 빛이 되어 나를 역동적 실행으로 이끌었을 것이다.

진정으로 그 시간의 나에게 중요한 것은 참된 자신감의 회복이었다. 그것은 나를 향하여 스스로 자학의 눈길을 보내는 것이 아니라 따뜻한 위로와 격려의 소리를 보내는 것이었다. 그리고 내안에 존재하는 완전한 빛을 자각하는 것이었다.

실행역동성의 원칙 3: 목적은 명확하게, 목표는 치밀하게!

"실행역동성의 세 번째를 말씀드릴까요? 세 번 째는 자신이 원하는 성취에 대한 명확한 이미지와 구체적 실천방법을 설정하는 것입니다. 여기서 유의할 것은 공상적인 결과에만 집중한 이미지 설정이 아니라, 과정과 결과를 총괄하는 이미지를 설정하는 것이지요. 성취는 과정과 결과의 연속선상에 그려지는 자취이거든요. 이 이미지를 목표나 목적이라고도 하지요. 넓은 관점에서는 비전이라고 할 수도 있지요.

전에 이야기한 적이 있었지요. 목적이란 자기가 존재하는 이유에 대한 답이라고요. 따라서 개인과 조직이 긍극적으로 달성해야 할 것에 대한 이미지가 결국 개인과 조직의 목적이라고 할 수 있는 것이지요.

본능적 행동이 쉬운 것은 이미 생명의 DNA지도에 과정과 결과의 이미지가 자동으로 그려져 있기 때문이지요. 그러나 의도적 행동이 힘든 것은 자신의 내면에 새로운 지도를 만드는 작업이기 때문입니다.

또한 목적의 이미지가 명확해졌으면 이를 달성하기 위한 목표의 치밀성이 확보되어야만 합니다. 목적과 목표가 명확하고 치밀할수록, 그리고 그 목적과 목표가 사람의 가슴을 요동치게 할 때, 사람들은 행동에 나서게 됩니다. 목적과 목표가 명확하지도 않고 치밀하지도 않은 채 도전하고 실행한다는 것은 참다운 도전과 실행이 아니지요. 그것은 한낱 객기에 불과합니다. 그 결과는 참다운 성과를 만들 수도 없고, 아름다운 향기를 남길 수도 없지요.

목적과 목표가 명확하지도 치밀하지도 않다면, 차라리 조용히 움직임을 멈추고 스스로 자중하여 에너지가 객기로 소비되는 것을 막고, 자신의 에너지가 가치 있게 쓰일 새로운 길을 탐색하는 것이 현명한 처신일 것입니다.

따라서 실행의 기본적 원칙은 목적과 목표를 명확하고 치밀하게 설계하는 것입니다. 도전하고 실행하는 사람은 아름답다고 하죠. 이 말을 달리 표현하면 명확한 목적과 목표를 가지고 앞으로 나아가는 과정은 아름답고 그 결과물은 보다 완벽에 가깝다는 뜻입니다."

나는 장 감독의 말에 고개를 끄덕이고 있었다. 나는 나에게 물었다. 지난 시간, 내가 시간 속에 그리던 그림은 무엇이었던가?

실행역동성의 원칙 4: 창의적으로 실행하라!

그때 나는 하나의 의문이 떠올랐다. 자신감을 갖고 무조건 앞으로 전진하는 것만이 중요한 것일까? 사실 나도 어느 정도는 자신감을 갖고 고시와 취업에 매진하지 않았던가. 그렇지만 결과는 참담했다.

"감독님, 과연 자신감에 넘친 실행만으로 성공이 보장될 수 있을까요?"

"제가 처음에 럭비 시합을 할 때가 생각납니다. 건장한 체격을 가진 상대를 바라보는 순간 온몸에 긴장의 아드레날린이 분비되는 것을 느꼈죠. 그 두려움을 이길 수 있었던 것은 상대를 두려워하지 않고 내 역할을 다하고 말겠다는 오기에 찬 자신감이었습니다. 저는 시합에 나갈 때마다 그라운드의 흙을 두 손에 비비며 말하곤 했습니다. '그래. 어떤 일이 있더라도 내 앞의 선수만은 반드시 막고 말 거야'라고 말이죠.

그러나 결정적인 순간에는 자신감만으로는 안 되더군요. 상황을 주도하는 창의적 행동을 만들어낼 역량이 없었던 탓이었죠. 그런 창의적 행동을 만들어낼 상황에 따른 다양한 기술, 작전에 대한 이해가 따라줘야 하는데, 그것이 제대로 준비가 안 되었기 때문이었죠.

제가 진정한 실행의 플레이를 할 수 있었던 것은 기술을 다양하게 익히고 나서 창의적인 플레이를 할 수 있게 되면서부터입니다. 창의적 플레이란 상대가 전혀 예상할 수 없는 가치 행동을 창출하는 능력입니다. 즉, 차별성을 갖추는 것이지요. 참된 자신감을 바탕으로 창의적 차별성이 수반될 때 비로소 자기주도성은 빛을 발합니다.

오늘날 사회도 마찬가지입니다. 남들과 같은 방법으로 하는 성실성은 그렇고 그런 삶만을 영위하게 할 것입니다. 이 시대에 필요한 것은 새로운 관점에서 새로운 가치를 만들어 내는, 창의적 차별성입니다. 태산 씨의 지난 시간은 과연 창의적 차별성을 확보한 시간이었나요?"

나는 답변의 말미에 갑작스럽게 질문을 던지는 장 감독에게 그 어떤 대답도 할 수가 없었다. 돌이켜보면 남이 하는 대로 들뜬 자신감으로 열심히만 했을 뿐, 남다른 가치나 창의적으로 나의 일에 집중한 적이 거의 없었다. 어쩌면 그런 나의 태도가 새로운 가치를 찾는 세상의 요구에 부응하지도 리드하지도 못한 채 뒤쳐진 결과를 낳았을 것이다.

깊은 생각에 빠져 침묵하고 있는 나를 바라보던 장 감독이 이윽고 말했다.

"오늘도 제가 너무 말이 많았네요. 오늘은 이만 얘기하고, 나머지 실행의 원칙들은 다음에 차근차근 얘기하죠."

그 말에 나는 손사래를 치며 말했다.

"아닙니다, 감독님. 오늘도 저는 많은 것을 느꼈습니다. 요즘은 보일 듯 말 듯 안개가 걷히는 기분이에요. 그토록 찾기 어려웠던 답이 멀지 않은 느낌입니다. 저로서는 감독님과 이런 시간을 갖는다는 것에 그저 감사할 따름입니다."

장 감독과 헤어져 어두운 길을 더듬어 숙소로 돌아오면서, 나는 스스로의 자신감에 대해 이리저리 되돌아보았다. 저 멀리 숙소 골목의 가로등 불빛이 눈에 들어왔다. 나는 그곳을 향해 걸어가면서 마음속으로 되뇌었다.

"그래, 저 골목 끝 불빛이 나를 인도하듯이, 이 어둠 속에서 진정 내가 믿을 수 있는 것은 내 안에서 타오르고 있는 나만의 불빛이야."

네잎 클로버 찾는 법

다음날 아침 내가 학교로 왔을 때, 감독은 학교 담장 옆 풀밭으로 나를 이끌고 갔다. 그곳에는 클로버 밭이 한 무더기 펼쳐져 있었다. 갑자기 나에게 엉뚱한 제안을 하였다.

"태산 씨, 이 클로버 밭에는 네잎 클로버가 의외로 많습니다. 제가 5분의 시간을 드릴 테니, 네잎 클로버를 한 개만 찾아보세요."

나는 열심히 네잎 클로버를 찾기 시작했다. 그렇지만 보일 듯 말

듯 보이지 않는 네잎 클로버였다. 시간은 흐르고 여기저기 잽싸게 움직이며 클로버 무더기를 뒤졌지만, 네잎 클로버는 보일 듯 보이지 않았다.

"시간됐습니다."

장 감독의 말에, 나는 멋쩍은 듯 씨익 웃으며 죄 없는 클로버 밭을 툭툭 차며 "그 많던 클로버는 어디로 갔을까요"라고 중얼거렸다.

"태산 씨, 제가 네잎 클로버 찾는 법을 알려드릴까요?"

"네? 그런 법도 있습니까?"

"하하, 그럼요. 있죠. 먼저 클로버 밭에 들어갑니다. 그리고 속으로 외치세요. '이 클로버 밭에는 네잎 클로버가 많다'라고요. 계속 스스로에게 이야기를 하세요. 조금도 의심하지 말고요. 그러면 네잎 클로버는 신기하게도 얼굴을 내밉니다. 자, 한 번 해보시죠."

나는 반신반의하며 클로버 밭을 바라보았다. 그리고는 호흡을 가다듬고 나에게 주문을 걸었다.

'그래, 이 클로버 밭에는 네잎 클로버가 많이 있어.'

그러자 머릿속에서 네잎 클로버가 풀밭 가득 피어오르기 시작했다. 그 순간이었다. 놀랍게도 네잎 클로버 하나가 내 눈 속에 들어왔고, 그 주변에서 여러 개의 네잎 클로버가 연달아 보이기 시작했다.

"감독님, 네잎 클로버예요! 진짜 많네요!"

어린 아이처럼 호들갑스럽게 외치는 나를 장 감독은 씨익 웃으며 바라보았다.

"그것 보세요. 네잎 클로버는 진짜 많답니다. 우리는 네잎 클로버를 찾을 때 부정이란 도화지에 기대를 그립니다. '네잎 클로버는 희귀하다, 찾기가 힘들다, 찾으면 행운이다'라고 말이죠. 이렇게 부정을 배경으로 기대를 꿈꾸는 사람들에게 네잎 클로버는 보이지가 않지요.

세상의 원리도 이와 마찬가지입니다. 때때로 우리들은 세상에 대하여 어떻게 외치고 있는지 살펴봐야 합니다. 힘들다고 외치는 사람에게 세상은 힘든 것만 보여주죠. 부자 눈에는 세상 모든 것이 돈 버는 기회로 보이고, 거지 눈에는 세상 모든 것이 배고픔으로 보이듯 말입니다.

인디언의 기우제란 말을 들어보셨을 것입니다. 인디언들은 비가 올 때까지 기도를 한다고 하지만, 사실은 인디언들을 비가 오길 기대하는 기도를 하는 것이 아니라 비가 오는 모습을 기도한답니다. 태산씨도 살면서 온전히 긍정의 풍경에 기반한 기도를 해본 적이 있으세요?"

지난 시간 진실로 나는 긍정의 풍경을 배경으로 기도를 해본 적이 없는 것 같았다. 돌이켜보면 자신감이 넘쳤다고 스스로 판단은 하였지만 그 배경에는 불안을 숨기려는 나의 세속적 위선이 나를 자신감이라는 자기포장으로 몰아부쳤던 것이다. 나의 학교 동기들이 고시로, 취업으로 잘 풀려 나갈 때 나의 불안은 극으로 치달으며 더욱더 나는 불안과 부정을 배경으로 기대에 매달리고 있었다. 그런 시간의 깊이가 더욱더 나를 성취에서 멀어지게 하였다는 사실을 이제야 비로소 나는 깨닫고 있었다.

"태산 씨! 태산 씨의 지난 시절을 한마디로 표현하면 무엇이라고 정의하시겠어요?

"그거야 당연히 실패로 점철된 시간 아니겠어요?"

"실패라! 허, 거참."

나의 대답에 의외의 반응을 보인 장 감독은 막걸리를 들이키었다.

"태산 씨가 왜 힘든 시간을 보내고 계신지 아세요. 태산 씨 마음속에 세팅된 상황 해석의 프로그램 때문입니다."

"네? 상황해석의 프로그램이요? 그게 무슨 말씀인지요?"

"프로그램은 컴퓨터 안에만 내장되어 있는 것은 아닙니다. 우리들 마음속에도 유전적인 요인이든 환경적 요인이든 다양한 경로 속에서 만들어진 고유한 상황해석의 패턴이 있지요. 상황은 항상 누구나 똑같이 발생하지만 그것을 해석하는 것은 다 다르지요. 그와 같은 상황에 대한 인지와 해석의 패턴을 저는 내면의 프로그램이라고 합니다."

"아, 네. 무슨 말씀인지 이해가 될 것 같네요."

"가능성이 있는 개인과 조직이라면 그들에게는 실패는 없어요. 오직 실험만이 있지요. 2천 번의 실험 끝에 전구를 발명한 에디슨에게 어떤 기자가 2천 번의 실패에 관해 질문하자, 에디슨이 '실패라니요. 난 단지 2천 번의 과정을 통해 전구를 발명했을 뿐인데요'라고 했다지요.

현대의 창업주인 정주영 회장도 수많은 사업적 좌절을 겪은 사람 중의 하나인데요. 그도 처절한 사업적 추락을 경험하며 스스로에게 '이것은 시련이지 실패가 아니다. 내가 실패라고 생각하지 않는 한 결코 실패가 아니다'라고 긍정적 상황해석을 하며 흔들리는 자신을 일으켜 세웠다고 합니다. 이와 같이 좌절적인 상황 속에서 긍정적 해석패턴이 작동하는 것이 삶을 성공으로 이끄는 사람들의 특징이지요.

실패는 패배주의자들의 단어입니다. 긍정주의자들은 기대의 좌절이라는 상황 속에서 학습의 가치가 내재된 실험이라는 단어를 씁니다. 아셨지요. 이제부터 어디에 가든 실패라고 하지 마세요. 값비싼 실험의 시간이었다고 표현하세요. 그 실험을 통하여 더 많이 성숙하게 되었다는 것은 시간 속에서 차츰 알게 될 것입니다.

비스마르크 시대의 명장인 몰드케 원수는 이렇게 이야기했답니다.

'나는 청년의 실패를 흥미를 가지고 살핀다. 청년의 실패야말로 그의 성공을 예측할 수 있는 척도이다. 그가 실패를 어떻게 생각했는가? 그리고 어떻게 대처했는가? 낙담하고 물러섰는가? 아니면 더욱 용기를 내서 전진했는가? 이것에 의하여 그의 생애는 예측되고 결정되는 것이다.' 사람은 사라졌어도 삶은 반복되는 이 순간에도 유효한 우리의 마음을 움직이는 훌륭한 말이지 않습니까?"

나는 장 감독이 나의 상황을 실패가 아니라 실험으로 해석하라는 말에 신선한 전율을 느꼈다. 또한 몰드케 원수의 '청년의 실패가 성공을 예측하는 척도'라는 이야기는 흡사 나에게 던지는 질문 같아서 속으로 놀라기조차 하였다. 그동안 나는 내 앞에 벌어졌던 현실을 부정하기에 급급한 시간을 보내왔었다. 어느 한순간도 비록 힘은 들었지만 의미 있는 시간이었다고 해석하며 나의 상황을 응시하지 못한 나날이었다.

'그래, 나에게 더 이상 실패란 단어는 없다. 단지 수많은 실험의 시간들이 있었을 뿐이었다. 아픈 실험조차도 나에게 많은 지혜와 가치를 제공하게 될 것이다. 내가 실패가 아니라 실험이었다고 해석하고 외치는 한.'

나는 나의 지난 시간의 어둠이 걷히는 희망을 그 시간에 읽고 있었다.

실행역동성의 원칙 5: 실천의 지속성을 유지하라!

"태산 씨, 럭비에서 상대 최종 수비라인 뒤로 공을 가지고 들어가면 뭐라고 한다고 했죠?"

"네. 트라이라고 하셨죠."

"맞습니다. 트라이라고 하죠. 얼마 전에 설명했듯이, 삶은 결국 한 판의 승부가 아니라 지속적인 표현의 총량이라고 할 수 있습니다.

앞서 이야기한 바와 같이 트라이의 마인드가 럭비의 인생관이고 성공관일 수 있지요. 럭비는 인생을 속된 말로 한 방으로 바라보지 않습니다. 그보다는 장기적이고 전략적 관점에서 가치를 향한 지속적인 표현의 노력을 통하여 성공의 가치를 측정하고 그런 삶의 지향 태도를 참된 인생으로 보고 있지요.

따라서 다섯 번째 실행역동성의 원칙이 지속성의 유지입니다. 실행은 시간적 관점과 행동의 총량적 측면에서 지속성을 담보로 한 전략적 과정입니다. 쉽게 이야기해서 인생의 풍요로움이란 결과는 인생의 시간에 표현이라는 삶의 지속성을 곱한 것이라고 볼 수가 있지요. 단 몇 번의 시도를 가지고 도전을 했다고 할 수는 없지요. 지금의 우리들 주변을 보면 지속성이란 원칙을 벗어난 실행을 꿈꾸고 그 결과에 분노하고 좌절하는 풍경을 쉽게 찾아 볼 수가 있습니다.

럭비처럼, 결과가 아닌 도전의 지속적 과정을 삶의 큰 목표로 설정하고 산다면, 우리의 삶은 반드시 풍요롭고 아름다운 그림이 될 것이고, 아름다운 강줄기를 이룰 것입니다.

요즘 많은 사람들이 반짝하고 지명도가 높아지면, 성공을 이야기하고 자서전을 쓰고 방송에 나오곤 합니다. 럭비의 인생관으로 보면 참으로 웃기는 얘기죠. 한 번의 트라이가 그라운드의 성공을 모두 얘기하는 것은 아닙니다. 그렇게 반짝 성공에 들뜬 사람들이 10년 뒤 어떻게 되었나 찾아보면, 공허한 삶으로 추락해 있는 것을 많이 보곤 합니다.

성공은 기나긴 여정을 걸어가는 완성되지 않은 나그네의 이야기와 같습니다. 이 삶의 그라운드가 이야기하는 위대한 성공은 그와 같은 '반짝스타'들의 성공이 아닙니다. 지속적인 실행의 의지와 실행의 담담한 이야기만이 참된 성공의 역사를 만들어 갑니다.

그저 담담하고 태연하게, 넘어지면 일어서고 다시 일어서며 그저 앞으로 나아가야 합니다.

자신의 가능성을 인식하며 자신의 행동 이미지를 가지고 묵묵히 앞으로 전진하는 반복의 의지와 실천을 하는 사람은 내일의 지도를 만드는 사람입니다.

나의 어제가 만든 오늘의 관성이라는 지도에 머물지 마세요. 오늘의 관성은 어제의 성공이었지만 내일의 성공을 의미하지 않습니다. 오늘의 관성은 지난 시간의 노고에 대한 답례로서 잠시의 성공할 여유를 제공하지만 그 보답의 시간이 지나면 냉정하게 어제가 만든 관성에 머물려는 조직과 개인을 내칩니다.

성을 쌓는 민족은 망한다고 돌궐의 맹장이 이야기했다지요. 맞습니다. 전진을 멈추고 안정의 성만을 쌓으려는 조직과 개인은 무너지고 맙니다. 그러나 안정과 정체의 유혹을 이기고 스스로 내일의 지도가 되려는 꿈을 품은 채 도전과 실행의 지속성을 가진 조직과 개인은 내일의 제국을 건설하게 될 것입니다.

아우구스투스 황제가 좌우명으로 삼고 항상 뜻을 헤아렸다는 'Festina lente'라는 말이 있습니다. 이 말은 서둘러라를 의미하는 'festina'와 천천히를 의미하는 'lente'의 합성어입니다. 한마디로 바다의 꿈을 품은 강처럼 멈추지도 말고 서두르지도 말고 나가란 의미입니다.

현이 너무 조여진 악기나 너무 느슨한 악기나 좋은 음악을 들려주지 못하는 것은 마찬가지입니다. 서두르지도 말고 늦추지도 말고 은근과 끈기로써 지속적인 삶의 큰 흐름을 만들어 가세요."

나는 고개를 끄떡이며 장 감독과 운동장을 바라보며 생각에 빠졌다. 지금 돌이켜보니 나 또한 반짝 성공에 얼마나 목말라 했던가. 아니, 나도 모르는 사이에 그 반짝 성공의 조급함에 길들여지면서 그것이 지금의 나를 만들었던 것이다.

'festina lente!'

역동적 실행의 원칙 6: 통찰insight에 기반한 실행을 하라!

나는 장 감독이 숨을 돌린 듯하여 조심스럽게 질문을 던졌다.

"감독님, 실행의 원칙들을 다 말씀하신 것인가요?"

나의 질문에 나를 쳐다보며 미소 짓던 장 감독은 답변을 하였다.

"아직 2가지가 더 남아 있습니다. 제가 마저 이야기를 하지요. 저 혼자만 이야기를 하는 것 같아 조금 미안한 생각이 드네요."

나는 그런 장 감독의 말씀에 정색을 하며 말을 던졌다.

"아닙니다. 저는 오히려 장 감독이 지혜의 말씀을 닫으실까 내심 조마조마한 걸요."

"그렇다면 나머지 원칙을 이야기하지요. 실행의 안정적 결과에 반드시 수반되어야 하는 것이 통찰입니다. 통찰은 과거의 지혜를 해석서로 하여 현재상황이란 판을 재료로 미래의 상호맥락을 읽어내는 활동을 의미합니다.

전쟁이나 국가사업, 기업의 경영에 있어서 과감한 실행에도 불구하고 패전과 실패, 몰락의 결과를 초래한 경우를 보면 과거의 성공을 만든 자만이 상황을 냉철하게 바라보는 통찰의 원칙을 무시하거나 하찮게 여겼다는 것이지요. 어째서 미군은 월남전에서 전술적 승리에도 불구하고 전략적 패배를 겪었을까요? 왜 원균 장군은 춘원포에서 조선 수군을 죽음으로 몰아넣은 채 죽음을 당해야 했을까요?

대우와 기아는 왜 그렇게 무너졌을까요? 또한 코닥은 역사 저편으로 사라져야 했을까요? 전쟁, 기업의 사례와 마찬가지로 럭비에서도 전체를 볼 줄 아는 힘을 갖출 때, 비로소 큰 선수가 되고 큰 경기를 만들어갈 수가 있죠.

현실에서도 통찰의 깊이가 리더십의 질을 만듭니다. 리더의 통찰은 역사를 가릅니다. 역사적 가정선상에서 만약에 '세종대왕이 사림과 최만리의 반대에 막혀 한글을 만들지 않았다면?, 박정희 대통령이 야당의 반대에 타협하여 경부고속도로를 건설하지 않았다면?'이란 가정을 해봅니다.

결과를 놓고 볼 때 무엇이 바람직한 방향이었는지 알 수가 있지요. IMF를 겪으면서도 오히려 더 견고하게 초일류로 성장한 삼성의 경우에는, 많은 사람들이 평가하기를 이건희 회장의 통찰력이 지대한 영향을 미쳤다고 합니다.

1990년대 후반쯤 유럽에서 럭비를 접한 이건희 회장은, 럭비의 철학과 실행패턴에서 경영적인 영감을 얻어서 삼성에 럭비 마인드를 전파하려고 노력한 적이 있습니다. 그러나 내부의 인식 부족과 외부의 비협조로 의도한 바를 이루지는 못했지요. 하지만 그와 같은 사실들은 이건희 회장의 통찰력을 읽을 수 있는 중요한 사례라고 할 수가 있지요.

이건희 회장은 97년 IMF 외환위기 직후 동아일보에 이런 칼럼을 쓴 적이 있습니다. "이 시점에서 우리에게 가장 필요한 것은 몸을 던져서라도 난관을 돌파하는 럭비의 정신으로 현재의 정신적 패배주의를 극복하는 일이다. 이런 정신이 한 사회의 정신적 인프라 infrastructure로 자리 잡을 때 그 사회는 위기를 이겨내는 저력이 생긴다. 어느 국가나 기업을 막론하고 진정한 힘은 사람에게서 나오며, 그 힘은 밖에 있는 것이 아니라 사람들의 마음속에 있는 것이다." 이 말은 지금의 시대에 절실한 메시지이기도 합니다.

이건희 회장이 경영현장에서 떠나고 럭비팀도 해체된 지금 더 이상 럭비가 삼성의 3대 스포츠는 아니지만 경영자의 통찰과 연관된 경영의 성과는 우리에게 많은 교훈을 주고 있습니다.

선대 창업주인 이병철 회장은 젊은 날의 사업실패 속에서 얻은 중요한 교훈으로 정세에 대한 정확한 통찰과 직관력의 연마를 강조했습니다. 삼성의 오늘과 내일을 이야기하는 삼성전자의 시작은 이병철 회장이 일본의 전자단지를 돌아보며 얻은 통찰 때문이었지요. 그때는 아무도 생각하지 못하고 믿지 않았지만 그는 전자산업의 미래를 읽어냈던 것이지요. 그것이 1969년도에 설립한 삼성전자의 시작입니다.

또한 현대의 경우도 마찬가지지요. 울산의 허허벌판 백사장에 조선소를 짓겠다고 영국에 달려가 차관을 요청한 창업주 정주영 회장의 결단과 의지는 단순한 배짱의 산물이었을까요? 아니지요. 통찰에서 비롯된 신념의 사례이지요. 훌륭한 성과는 탁월한 통찰이란 어머니 밑에서 태어나고 자라나는 것입니다.

통찰력이 사라진 조직에 미래는 없습니다. 통찰은 리더의 독특한 상징성, 경험, 철학에서 만들어지는 직관이라고 할 수가 있지요. 정주영회장의 바톤을 이어 받은 정몽구회장도 경복고 시절 럭비팀 주장이었다는 것은 유명한 사실입니다. 그가 보여주는 추진력과 현장주의의 성과는 그의 독특한 청소년기 체험에서 나온 것이라고 봅니다. 그는 사석에서 '팀웍'과 문제에 대한 '정면 돌파론'을 자주 언급한다고 합니다. 경험이 상황을 해결해 나가는 통찰을 제공해주는 사례이지요.

경험과 상징체계는 강력한 그만의 철학을 제공합니다. 지식들의 나열이 통찰을 주는 것은 아니지요. 지식이 넘쳐서 우주를 건설할 지경이지만 자기 집 문제하나 해결하지 못하는 리더들의 실패는 건강한 자기통찰의 기반이 약하기 때문입니다."

장 감독은 잠시 숨을 고루더니 다시 말을 이어나갔다.

"럭비경기를 하다 보면, 그 안에서는 이 바깥에서 보는 세상과 전혀 다른 세상이 전개됩니다. 즉, 여기서는 보이지만 안에서는 안 보인다는 것입니다. 내 앞의 상대와의 신경전, 끝없는 소리와 그 소리의 버무림, 몸과 몸의 혼란, 그 속에서 순간순간 자신의 위치마저 놓치게 되는 경우가 허다합니다.

처음 경기를 뛰는 선수들은 자신의 위치를 파악하지 못하고 상대편 위치에 서 있는 웃지 못할 경우도 있죠. 차츰 경기에 익숙해지고 경기를 읽을 줄 알게 되면, 전체가 어떤 그림으로 전개가 되고 지금 공은 어디에 있고 나는 지금 어디로 달려가서 무엇을 해야 하는지를 읽고 행동할 수 있게 되죠. 그때가 되면 비로소 럭비를 즐기면서 할 수 있습니다.

통찰이 선수들에게도 중요하지만 그 선수들을 지도하는 리더에게는 절대적 중요성을 갖지요. 지난 여름 일본대학팀이 인근대학을 방문한 적이 있습니다. 명성이 있는 일본팀이라서 보러갔었죠. 무더운 오후 날씨 속에 경기가 진행되고 있었습니다. 하늘도 뜨겁고 선수들의 열정도 뜨거운 현장이었습니다. 한참 경기관전에 몰입하다 주위를 둘러 보니 이상한 점이 있었습니다. 한국팀 감독은 경기장 옆 의자에 앉아있는데 상대팀 감독은 보이지가 않더군요.

이상해서 주변을 살펴보니 태양이 작렬하는 럭비장 언덕위에 누군가 앉아 있는 모습이 보이더군요. 자세히 보니 일본팀 감독이더군요. 그 곳에서 무전으로 아래의 스탭들에게 작전을 지시하고 있더군요. 바로 통찰에 기반한 지시가 내려지고 있었지요.

전체의 상황을 살릴 수 있는 위치에서는 전체의 그림이 어떻게 펼쳐지는지를 읽을 수 있습니다. 그러나 수평의 시각에서는 전체가 보이지 않습니다. 신선한 충격이었습니다. 더위를 함께하는 솔선수범,

그리고 전체를 보는 통찰, 큰소리 치는 일이 없어도 경기는 유기적으로 펼쳐지고 있었습니다. 그 경기는 누가 이겼을까요? 당연한 귀결이었지요.

럭비는 누구나 인정하는 역동적 실행의 스포츠입니다. 그러나 전체를 보고 상황의 맥락전개를 읽는 통찰이 없다면 원활한 플레이를 펼쳐갈 수도 없고 승리를 이룰 수도 없습니다. 그라운드에서 전체를 바라보는 힘이 생기기 전까지는 누구나 예측 불허의 삶과 같은 혼돈 속에서 당황하게 마련이죠. 그 혼돈 속에서도 고요함을 유지하고 조용히 흐르는 동작을 볼 수 있게 될 때 비로소 최고의 러거[3]가 되고 보다 질서가 잡힌 성과의 흐름을 만들 수가 있죠.

인생도 마찬가지입니다. 세상의 변화 속에서 자신의 위치를 읽어내는 냉철한 통찰이 없는 실행은 참다운 실행이 아니라 한낱 객기에 불과하지요. 인생의 그라운드는 지속적 도전이란 실행을 요구합니다. 그러나 그 역동적 실행은 시간 속에서 길러진 통찰의 힘을 바탕 삼아야만 합니다.”

“감독님! 그런 고도의 통찰력은 하루아침에 만들어지는 게 아니잖아요. 그렇다면 그런 경지가 될 때까지는 실행을 멈춰야 하는 것인가요?”

---

3 럭비를 하는 사람들을 동질적 파트너 관점에서 러거라고 호칭함.

성숙한 개인과 사회는 반응을 넘어 통찰insight을 한다

"모든 것이 갖춰질 때까지 아무것도 하지 않는다면 인류의 역사는 발전하지 못했을 것입니다. 우리보다 앞서 간 많은 리더들의 호기심과 진취적 실행의 성과를 현재 우리들은 누리고 있는 것이죠. 통찰력은 많은 진취적 도전과 실행의 경험 속에서 형성되는 개인과 집단의 암묵적 지혜입니다. 이를 위해서 필요한 것은 부단히 경험의 폭을 넓히고, 그 과정 속에서 환경과 나를 객관적으로 바라보는 훈련을 하는 것입니다.

치기어린 자들은 세상을 쳐다보며 날뛰지만 통찰의 힘을 가진 자는 자신을 내려놓고 바라보는 자세를 유지합니다. 자기객관화와 겸손의 자세를 유지하는 것이죠.

통찰은 영어로 insight라고 합니다. 자신의 내면이나 내부를 의미하는 in과 바라본다는 의미의 sight가 합쳐진 단어입니다. 즉 통찰은 진행되어지는 상황에 대하여 단순한 반응이 아니라 안과 밖을 바라보며 보다 사실에 가까운 객관성을 확보하는 과정입니다.

성숙한 개인과 사회는 insight를 하지만 미숙한 사회는 outsight를 먼저합니다. 성숙한 개인과 사회는 문제나 불행을 통하여 외부적 원인에 귀인하는데 몰두합니다. 반면에 성숙한 개인과 사회는 외부적 책임도 명확하게 규명을 하지만 그와 더불어 자신과 사회내부의 문제가 무엇인지를 들여다 보고 자신부터 바로 세우는 실행을 합니다.

성숙한 사회든 미숙한 사회든 사건과 불행은 피해갈 수 없고 지속적으로 발생합니다. 그러나 그 대응방식의 차이로 인하여 번창하거나 비극 속에서 사라지게 됩니다."

통찰을 이야기하던 장 감독은 갑자기 화제를 운동장의 선수들에게로 바꿨다.

"자, 잘 보세요. 저 선수들이 지금 서로 공격과 수비로 나눠서 태클을 하죠? 저 앞의 작은 선수를 보세요. 전혀 두려워하지 않고 공을 잡고 돌진합니다. 그러나 이내 넘어지죠. 저기서 무엇을 배울까요?

저 선수의 전진하는 태도는 좋지만 분명히 잘못된 점이 있습니다. 그것은 체중의 중심을 하체에 유지하지 못하고 머리와 상체에 둔 채 상대에게 돌진하고 있다는 것이죠. 그래도 저 어린 선수를 높게 평가할 수 있는 것은 전혀 두려워하지 않고 상대와 맞부딪히고 있다는 점입니다."

그러더니 장 감독이 앞에서 야무지게 상대를 몰아치던 작은 선수를 불렀다.

"성용아, 이리와 봐!"

장 감독은 그 선수에게 몇 가지 문제점을 지적하면서 직접 체중을 싣는 자세를 보여주었다. 씨익 웃으며 그라운드로 뛰어간 그 선수는 다시 공격 연습을 시작했는데, 확실히 아까와 다른 모습을 보여주고 있었다. 중심이 하체에 제대로 실려서 그런지 전처럼 부딪히자마자 넘어지지 않았고, 몇 미터를 앞으로 밀고 나가 안전하게 뒤의 선수에게 공을 인계한 후에야 그라운드에 쓰러지고 있었다.

"보셨죠? 저 선수는 실행의 반복 속에서 교훈을 얻었습니다. 언젠가 저 선수도 통찰력을 갖춘 큰 선수가 될 것입니다. 삶의 그라운드에 서면 두려워하지 말고 나아가고 부딪쳐야 합니다. 그리고 그 속에서 통찰의 힘을 얻어가야 합니다. 진취적으로 실행하는 선수만이 통찰의 지식과 지혜를 얻어갈 수 있고, 그런 도전의 문화를 가진 선수만이 큰 선수가 될 수가 있어요.

처음 운동하는 선수들은 이리저리 바쁩니다. 공을 쫓아다니기 때문이죠. 그러나 프로 선수들은 바쁘지 않습니다. 공이 그 선수를 쫓아다니는 것 같죠. 아마추어는 관찰을 하지만 프로페셔널은 통찰을 합니다. 그러나 그 통찰도 수많은 실험이라는 좌절과 자기관찰의 반복 속에서 만들어진 결정체죠."

나는 고개를 끄덕였다. 그러나 참으로 어렵게 다가오는 개념이었다. 어떻게 그 통찰을 키운다는 말인지 모호했다.

"감독님! 통찰의 중요성은 이해를 하겠는데 일상 속에서 어떻게 해야 그 통찰을 보다 손쉽게 얻을 수 있을까요?"

"이것만 기억하세요. 문제나 과제가 발생을 하면 한 발짝 물러나

서 그 대상을 살피세요. 그런 연후에 그 문제 속에 들어가세요. 그리고 다시 그 대상 속에서 한 발짝 벗어나 대상을 보고 다시 들어가는 훈련을 하세요. 문제 속에서는 문제의 핵심과 관계성을 보지 못하기 때문이지요.

주의할 것은 상황에 대한 주체란 인식을 버리고 상황의 손님으로서 자유로운 상태에서 그 상황을 바라보라는 것이지요. 나의 편견과 독선이 지배하는 상태에서 그 상황을 응시해봤자 통찰의 지혜는 생기지 않습니다.

그리고 두 번째는 목적에 기반한 통찰을 하는 것입니다. 우리는 궁극적으로 어떤 모습이 되어야만 하는지, 그리고 우리의 존재이유는 무엇인지를 생각하는 목적기반의 통찰은 행동의 방향을 알려줍니다. 앞서 이야기한 많은 인물들이 주로 사용한 통찰의 방법이 목적에 기반한 통찰이었습니다."

지난 시간 나를 살피지 못한 채 세상에만 기대고 세상 속에서만 원인을 찾아 헤매던 나를 생각하노라니 전체를 바라보며 열심히 팀의 그림을 만들어가는 저 어린 선수들이 마냥 존경스럽기만 했다.

그날 저녁 나는 장 감독의 허락을 얻어 나의 어린 스승들을 학교 맞은편에 있는 정육점이 딸린 삼겹살집으로 초대했다. 이제 수중에 남은 돈도 얼마 없었지만 많은 것을 가르쳐주고 있는 선수들에게 작은 성의를 표하고 싶었기 때문이었다.

삼겹살이 나오자 학생들의 얼굴에 희색이 만연했고 탄성이 터져 나왔다. 와자지껄 맛있게 삼겹살을 먹는 럭비부 학생들을 장 감독과 나는 흐뭇하게 바라보았다. 학생들과의 삼겹살 파티가 끝나고 헤어질 무렵, 장 감독은 감사의 뜻으로 술을 사겠다며 시외버스 골목길의 할머니네 집으로 나를 데리고 갔다.

이제는 완전히 낯이 익어서 그런지, 그 무뚝뚝한 할머니도 돌아온 탕아를 맞이한 어머니 같은 미소로 나를 맞이하고 있었다.

"어서들 오쇼. 그렇잖아도 안 오시나 했는데, 잘 왔소. 저 항아리 술단지 오늘 다 처리하고 가슈."

"할머니도 이제 제가 보고 싶은가 보죠?"

"지럴하고 자빠졌네. 쓸데없는 소리 말고 술이나 쳐먹어!"

나의 농담에 걸쭉한 대꾸 한마디를 던지고 주방으로 들어가는 할머니의 뒷모습을 보며 우리는 편안한 미소를 던졌다.

역동적 실행의 원칙 7: 최적의 에너지 상태를 조성하라!

할머니가 양은주전자에 한가득 막걸리를 담아와 탁자에 내려놓고 주방으로 들어갔다. 주방에서는 시키지도 않았지만 고정 메뉴인 푸짐한 파전이 구워지고 있었다. 파전 굽는 냄새가 배속의 허기를 자극하기 시작하였다. 파전이 도착하기 전까지 장 감독과 나는 막걸리로 허기를 채웠다. 할머니는 파전에 해물을 듬뿍 얹혀 도톰 노르스름하게 구워 술탁자로 가져왔다. 황금빛 파전이 술탁자를 빛내고 있었다.

"할머니. 이 친구 요즘 얼굴이 좋아졌지요?"

장 감독의 말에 내 얼굴을 힐긋 쳐다본 할머니가 답변을 하였다.

"그렇구먼. 얼굴이 훤해졌어. 좋은 일이 있으려나. 처음에 봤을 때는 세상 고민 다 안고 사는 딱한 화상하나 왔구나 했는데, 개가 천선을 했네. 마음 밭이 넓어졌나 보구려."

"개가 천선이 아니라 개과천선이지요."

"어이구, 장 선상 똥 굵소. 개가 천선이면 어떻고 개과천선이면 어때. 꼭 똑똑한 인간들이 피곤하게 산다니까. 파전 달라면 알아서 해물 넣어서 구워줄 것을 요즘 인간들은 꼭 해물 넣어주세요 한다니까. 내 그런 놈들은 일부러 해물을 적게 넣어줘."

할머니의 걸쭉한 입심에 한바탕 웃음이 일었다. 장 감독은 주변

분위기가 편안해지고 정리가 되자 참된 실행의 마지막 원칙을 말하기 시작하였다.

"지금까지 성과로 이어지는 진취적 실행의 원칙에 대하여 제가 경험한 바를 이야기했는데 마지막으로 가장 중요한 원칙을 이야기해드리지요."

나는 마지막 중요한 원칙이라는 말에 솔깃하여 장 감독의 말에 귀를 기울이기 시작하였다.

"태산 씨, 요즘도 아침마다 저와 약속한 2시간 걷기를 계속하고 계신가요?"

"네. 이제는 즐거운 습관이 되어서 하루라도 운동을 안 하면 영 기분도 편치 않고, 또한 몸도 처지더군요. 그래서 거르지 않고 아침걷기를 하지요. 별것 아닌 것 같은 운동이 저의 몸과 마음에서 지난 시간의 어둠과 묵은 찌꺼기를 씻어내주는 것 같습니다."

내게 미소를 보낸 장 감독이 내게 물었다.

"제가 왜 태산 씨에게 아침 걷기를 하라고 제안했을까요? 그 이유를 생각해보신적이 있으세요?"

"글쎄요. 딱히 생각해본 적은 없는데요. 뭔가 의미가 있으니까 감독님이 시키는 것이겠지라고 생각을 하며 열심히 했을 뿐인데요."

"태산 씨, 대기업 CEO들에게서 공통적으로 많이 발견되는 자기관리차원의 3가지 습관이 무엇인지 아세요?"

"글쎄요. 바쁜 사람들이라서 자기관리할 시간이나 있는지 모르겠네요."

"그렇지요. 대부분의 사람들이 그렇게 생각을 하지요. 그런데 그런 편견과는 다르게 3가지의 생활습관이 있답니다. 첫째가 아침 일찍 일어나는 것, 둘째가 책을 많이 읽는 것, 그리고 마지막이 꾸준히 운동을 하는 것입니다. 사람들의 상상을 깨는 이런 생활습관에 대한 이야기는 우리에게 많은 것을 생각하게 하지요.

그냥 열심히 일하거나 능력 또는 운 차원에서 기업의 CEO가 된 것은 아니라는 것을 알려주지요. 물론 그런 사람들도 있겠지만 그렇게 된 사람들이 정상적으로 역할을 수행하거나 그 자리를 유지하기는 힘들겠지요. 이와 같이 자기관리를 해왔기에 올바른 의사결정과 실행을 할 수가 있었을 것이고 그 결과 탁월한 성과를 창출했을 것입니다. 그런 과정 속에서 신뢰를 얻고 CEO가 되었겠지요. 그래서 잭 웰치는 리더에게 가장 중요한 것이 심신의 에너지energy를 확보하는 것이라고 했습니다.

제가 동영이로부터 태산 씨에 대한 이야기를 들어 알고 있었고 또한 우리가 처음 보던 날 태산 씨의 모습에서 태산 씨에게 지금 필요한 것이 무엇인지를 발견할 수가 있었지요. 그 당시 태산 씨는 정신적으로 육체적으로 많이 지쳐 있는 상태였습니다. 그런 상태에서 실행을 강요하는 것은 상대를 나락으로 떨어트리는 일에 불과하지요.

누구라도 그와 같은 상황에서는 무슨 일을 하더라도 좋은 결과를 기대할 수는 없습니다. 그래서 제가 새로운 삶의 기반을 조성하는 자기관리차원에서 아침마다 걷기운동을 2시간씩 하라고 제안을 한 것이었지요."

"아! 그런 의도가 있었군요. 저도 처음에는 조금은 뜻밖의 제안이라서 의아해 했었지요. 아마도 감독님의 제게 들려주는 철학에 대한 신뢰가 없었더라면 그 당시의 제 상태로 볼 때 하지 않았을 것입니다."

"다행이군요. 저를 믿고 따라주어서요. 하하!"

"제가 이런 이야기를 하는 이유는 실행에 있어서 앞에서 언급한 원칙도 중요하지만 결국 실행을 옮기는 행동의 주체인 개인의 의식과 육체가 활력을 확보하지 못한다면 앞에서 이야기한 것은 한낱 관념의 유희에 지나지 않지요. 자기 에너지관리만으로 좋은 실행을 담보할 수 없지만 또한 좋은 준비와 태도만으로 좋은 실행을 만드는 것도 아니거든요. 최적의 자기 에너지관리와 긍정적 태도가 상호균형을 유지할 때 바람직한 실행이 가능합니다.

운동의 경우에도 재능이 뛰어나지만 자기관리 실패로 컨디션이 안좋은 선수를 혹시나 하는 기대에 투입하면 반드시 사고가 발생하곤 하지요. 삶도 마찬가지입니다. 열심히 사는 사람이든 방탕하게 사는 사람이든 누구나 내면에는 정신적 육체적 침전물이 쌓입니다. 적절히 자신의 침전물을 걷어내고 비어주는 자기관리를 하지 않는다면 삶의 태도와 상관이 없이 무기력의 늪에 빠지게 되지요.

무기력의 늪에 빠진 사람들을 살펴보면 하나 같이 그들이 뿜어내는 기운이 탁합니다. 일이 안 되니까 자기관리를 방치하기 시작하고 자기관리를 하지 않다 보니까 내면에 무질서의 침전물은 더욱 쌓이게 됩니다. 심신의 침전물이 쌓이다 보니 심신의 순환이 막히고 매사에 의욕은 사라지고 설사, 좋은 기운의 기회가 와도 자신의 내면이 탁하다 보니 맑고 밝은 자리를 좋아하는 복이 들어올 여지가 없지요.

복은 맑고 밝은 자리에 깃들뿐입니다. 이것이 자기관리에 실패한 사람들의 악순환 구조입니다. 스스로 지지리도 복이 없다는 사람들이 있는데 지지리 복이 없는 것이 아니라 복이 머물 자리를 지지리도 만들지 못했다고 하는 것이 맞는 표현입니다.

반면에 양질의 삶을 펼쳐가는 사람들을 보면 자기 에너지관리에 철저합니다. 자신의 몸과 마음에 어떤 침전물도 쌓이지 않도록 철저히 살피고 비워내고 닦기까지 하지요. 그러다 보니 심신의 순환이 원활하여 항상 경쾌하고 자신감과 의욕이 넘치지요. 그 결과 좋은 평, 인기, 자신감, 좋은 기회와 같은 복이 들어올 여지가 많아지는 것이지요. 따라서 어려운 일은 무난히, 좋은 일은 더욱 좋게 풀리는 선순환구조가 형성이 되는 것입니다.

자신의 삶이 금수저가 아닐수록 더욱더 시간을 내서라도 자신의 내면에 복이 깃들 터를 만드는 노력이 중요합니다. 금수저로 태어난 사람들이 3대를 이어가지 못하는 것은 자신의 복을 기회로 삼지 못하고 무절제와 방탕으로 이끌다보니 3대에서 그 복의 터가 기운을 다하기 때문이지요. 조건을 탓할 것이 아니라 자신의 조건을 만들려는 자각과 노력이 필요합니다.

리더십도 조직관리도 가장 중요한 것은 에너지를 관리하는 것입니다. 사기와 활기의 에너지가 넘칠 때 조직은 성장을 합니다. 에너지 넘치는 조직원과 조직을 만들려는 노력은 리더십의 가장 중요한 과제입니다.

조선시대 북방에 육진을 개척한 명장 김종서는 열악한 재정환경 속에서도 병졸들의 사기진작에 많은 신경을 썼답니다. 한 번 잔치를 열면 병졸들에게 소다리 하나씩을 주어 맘껏 먹게 하곤 했습니다. 그런 그를 보고 주변에서 비난을 하자 그가 그런 말을 했다고 합니다. '우리의 진이 불안한 지금은 비록 병사들의 사기를 위하여 소다리를 쓰지만 진이 견고하고 안정되면 닭다리로도 충분할 것이다.' 조선시대의 위대한 역사인 육진개척이 어떻게 가능했는지 이해할 수 있는 이야기입니다.

조직뿐만 아니라 인생이라는 무대에서도 최고의 연기를 하고 싶다면 최적의 자기에너지 상태를 만드는 일이 선행되어야 합니다. 그것이 프로입니다. 아마추어는 준비 없이 무대에 서서 박수를 기대합니다. 아마추어와 프로의 차이는 결과의 차이가 아니라 준비행동의 차이에서 나온다는 것을 사람들은 모릅니다.

전에 이야기한 적이 있지요. 살아있는 전설인 뉴질랜드의 럭비국가대표 올블랙스는 경기가 시작되기 전에 그라운드에 외칩니다. '까마테.까마테. 까오라'라며 삶과 죽음을 받아들이고 넘어서겠다고요. 이미 그들은 승리의 복이 들어올 내면의 자리를 깔고 시작을 하는 것이지요.

세상의 85퍼센트의 사람들은 결과만 기다리고 있지만 앞서가는 15퍼센트의 사람들은 엄격한 자기 에너지관리와 준비에 집중을 합니다."

나는 장 감독의 말에 고개를 끄떡였다. 장 감독이 나를 파악한 바와 같이 그 당시의 나의 상태는 최악의 상태에 있었다. 심한 좌절과 방황으로 나에 대한 애정과 돌봄을 포기한 지 오래였고 심신은 피폐할 대로 피폐해져 있었다. 오랜 방치로 토사가 쌓여서 썩어가는 댐처럼 서서히 그 기능과 활력을 잃어 가던 것이 나의 모습이었다.

그런 나를 장 감독은 정확히 진단하고 적절한 처방을 내려줬던 것이었다. 그곳에서의 꾸준한 자기관리와 장감독이 들려주는 역동적 삶의 원칙은 나의 방황과 좌절에 마침표를 찍어주고 있었다.

말을 마친 장 감독은 막걸리를 조금 입에 대더니 조용한 침묵에 들어갔다. 서로가 각자 다른 상황 속에서 침묵이 필요한 시간이기도 하였다.

잠시 후, 나는 내안의 의문을 장 감독에게 내비쳤다.

"감독님 말씀 잘 들었습니다. 그런데 지난 시간의 방황은 그렇다 치더라도 지금의 내 모습도 한심하다는 생각이 듭니다. 아직도 실행을 하지 않고 이렇게 시간을 보내고 있으니 말입니다. 좀 두렵고 걱정이 되기도 해요. 제가 이제 무엇인가 제 삶 속에서 실행을 해야 할 때가 된 것 같은데 어떻게 생각하시는지요?"

"조급해 하지 마세요. 앞에서도 이야기했지만 의욕과 목표가 존재하더라도 그것을 실행할 기반이 취약하다면 아니함만 못합니다. 마이스터 에크하르트는 세상 사람들에게 '무엇보다도 우리는 우리 자신을 엄격하고도 철저하게 훈련시키는 데 신경 써야 한다. 미숙한 사람이 애씀으로써 도달할 수 있는 곳이란 아무 데도 없다'라고 말을 했지요.

그렇습니다. 준비되지 않은 실행은 불행을 초래합니다. 왜 로또라는 행운을 거머쥔 사람들이 그 행운을 가진 이후에 가정이 파탄 나고 폐인이 되는 등 그 행운이 재앙이 되는지를 아십니까? 그것은 자신의 그릇이 작은데 갑자기 큰 재물이 쏟아져 들어오니 재물이 아니라 재앙이 되는 것입니다. 세상 모든 것이 재물이든 권력이든 자신이 담고도 남을 수 있는 그릇을 유지할때 복이 되는 것이지 그것을 넘어서는 재물과 권력은 재앙과 비극으로 끝나게 됩니다. 자신의 그릇만큼만 욕심내며 살라는 이야기가 아닙니다. 자신의 그릇을 키우라는 이야기죠. 자신의 그릇 만큼이 자신의 복이 되니까요.

서두르지는 마세요. 충분히 자신의 복을 담을 만한 그릇을 만든 후에 그라운드에 나가도 늦지는 않습니다."

"예, 알겠습니다. 조금 더 저를 뒤돌아보고 세상을 담을 그릇을 만드는 시간을 갖도록 하겠습니다."

"태산 씨 혹시 산책을 하고 숙소로 오가는 길에 하늘을 나는 솔개를 본적이 있으세요?"

"예. 이곳이 산으로 둘러싸인 강원도라서 그런지 자주 하늘을 선회하는 솔개가 보이더군요."

"솔개의 사냥법이란 것이 있습니다. 솔개는 먹잇감이 보이더라도 바로 그 목표로 돌진을 하지 않아요."

"그럼 어떻게 먹이를 사냥을 하나요?"

"솔개는 먹잇감에서 약간 떨어진 하늘에서 수직낙하를 합니다. 솔개가 수직낙하를 하는 이유는 중력을 이용하여 몸의 추진력을 키우기 위한 것이지요. 그런 연후에 중력에너지를 얻은 몸을 순간 틀어

시속 300km 이상의 속력으로 먹잇감을 향하여 돌진을 하지요. 먹잇감은 꼼짝없이 잡히고 맙니다.

솔개의 수직낙하는 목표를 달성하기 위한 준비행동입니다. 만일에 솔개가 욕심만 가지고 바로 목표로 돌진을 하였더라면 사냥에 성공하는 확률보다 실패할 확률이 더 많을 것입니다. 왜냐하면 먹잇감의 행동속도를 제압하는 속도에너지를 준비하지 않은 채 돌진하다 보니 상대가 눈치 채고 도망갈 여력이 많이 생기기 때문이지요.

이를 우회축적론이라고 합니다. 솔개가 우리에게 알려주는 지혜는 목표달성을 위하여 충분한 선축적, 후발산의 자연법칙을 실천하라는 것이지요.

우리사회에는 이런 자연법칙에 충실한 자기역량 축적의 과정은 건너뛴 채, 욕심과 의욕을 앞세우는 풍경을 흔히 목격합니다. 왜냐하면 축적은 힘든 의지의 과정인 반면 발산은 누구나 할 수 있는 본능의 과정이거든요. 그리고 사람들은 자신의 결과에 대한 통찰과 반성을 하기보다는 그 원인을 외부로 발산시켜 자신을 합리화하려는 모순의 반복에 익숙하거든요.

서두르지 마세요. 먹이를 노리는 솔개처럼 충분히 자기축적의 수직낙하를 한 후에 인생의 볼을 향하여 돌진하세요.

그에 앞서 더욱 중요한 것은 비우는 것입니다. 비운 자만이 채울 수 있지요. 어제의 생각, 어제의 갈등이 마음에 자리하고 어제의 피로가 온몸에 또아리를 틀고 있는데 그곳에 복이 들어갈 여지는 없겠지요.

바라는 사람들은 무수히 많아도 자신을 비우는 사람들은 적습니다. 새해면 무수히 많은 사람들이 바다로 산으로 일출을 보러 떠나고 기원을 하지만 기원의 추억으로 끝나는 것은 자신의 주변 환경과 자신의 몸과 마음을 비우는 작업 없이 즉, 복이 들어올 여지없이 채울 것을 기대하기 때문입니다."

"예, 무슨 말씀인지 알겠습니다. 비우고 축적하고 그리고 실행하는 원칙을 놓치지 않도록 하겠습니다."

"태산 씨, 친구인 동영이를 잘 알 것입니다. 동영이가 처음에 태산 씨처럼 목표와 현실사이의 괴리감에서 불안해 한 적이 있지요. 경제적 문제로 인하여 지방에서 대학생활을 하다 보니 동영의 마음 한 구석에는 미래에 대한 불안감이 항상 따라다녔지요. 그런 와중에 우연히 럭비클럽에서 저와 인연을 맺게 된 것입니다. 제가 추구하는 럭비 마인드를 지도 받으면서 나름대로 자신만의 중심을 만들었지요.

그 과정 속에서 자신감과 전략을 확고히 한 후, 누구에게도 뒤지지 않는 충분한 선축적의 과정을 보냈답니다. 사람들은 글로벌기업에 입사하길 원하면서 글로벌한 노력은 하지 않습니다. 목표의 격에 맞는 노력을 하지 않으면서 자신을 둘러싼 환경으로 원인을 돌리기 일쑤이지요. 그에 비해 동영이는 마치 목표를 결정한 솔개가 미친 듯이 아래로 자신을 던져 수직낙하 하는 것처럼 무서운 열정의 시간을 보냈었지요. 자신만의 신화를 만들던 시간이라고나 할까요. 그 결과가 지금의 그를 만들었습니다."

고등학교 시절 나는 공부에 있어서 누구에게도 뒤지지 않았다. 어머니는 그 추운 겨울 강남의 유명학원에 새벽같이 달려가서 저녁반 등록을 하셨고, 나도 그런 어머니 밑에서 남들에게 지기 싫어서 독하도록 공부에 매달렸고 그 결과 내가 원하는 대학엘 들어갈 수가 있었다.

나는 대학시절부터 고시로 방향을 잡고 고시에 매달려 있었다. 왠지 그쪽에서의 성공이 나의 자존심과 자부심에 어울릴 것만 같았다. 세상의 약자를 위하고 정의를 위하여 고시를 한다는 명분은 명분일 뿐 그 속에서 생활하는 시간엔 오직 내가 승리하는 것이 세상의 참된 배려이고 세상의 정의로만 느껴지는 것이 고시의 생활이다. 그러나 번번이 2차 좌절이 반복되고 있었다.

결국 나는 30이 되던 시점에 고시를 포기하고 사회진출로 방향을 전환하였다. 그러나 취업도 쉬운 일은 아니었다. 취업은 애초에 생각하지도 않았던 내 삶의 전략이었기에 일찌감치 준비를 해 온 다른 준비생들에 비해서 뭔가가 부족하게 비쳐지곤 하였다.

내가 나의 사정으로 연락이 소원해졌던 동영을 만난 것은 내가 원하던 다국적 은행의 면접장소에서였다. 그날 아침 나는 면접이 실시되고 있던 을지로에 위치한 회사 건물로 들어섰다. 강당에는 면접을 기다리는 감색양복을 빼입은 면접생들이 긴장된 표정으로 꽉 들어차 있었다. 나 또한 그들 속에서 긴장된 마음으로 순서를 기다리고 있었다.

그때 강단 위 연단으로 인사팀의 젊은 남자 직원이 올라오더니 면접진행에 대한 안내를 하기 시작하였다. 순간 나는 눈을 의심하였다. 그는 고등학교의 친구였던 동영이었다. 그를 만난 지가 근 5년 전이었기에 그의 근황은 전혀 모르고 있었다. 그런데 오늘 나의 꿈을 접고 취업을 하러 온 그 회사에 그가 당당히 서 있었던 것이었다. 머리가 멍해지는 느낌이었다.

동영이는 친한 친구였지만 나의 라이벌이기도 했다. 집안 형편이 그리 좋지 않았던 동영은 고3이 되자 집안 사정을 고려하여 장학금 혜택을 보장받고 지방 국립대를 택했다. 나는 그런 동영이를 바라보며 묘한 승리감을 느꼈었다. 그 와중에 동영이가 그 대학에서 럭비 클럽 활동을 한다는 이야기를 들었는데, 알고 보니 그 클럽의 지도교수가 바로 장 감독이었던 것이다.

동영은 고개를 돌려 청중들을 살피고 있었다. 나의 이름과 학교정보를 통하여 내가 동영의 회사에 지원했다는 사실을 동영은 알고 있었을 것이다. 나는 고개를 숙인 채 그와의 마주침을 피했다. 그러나 면접순번이 되고 내 이름을 호명하는 동영과 결국 면접장 문 앞에서 어색한 조우를 하였다. 반가운 표정으로 무엇인가 나에게 말을 건네고 있었지만 도통 그의 말이 나의 귀에 들어오지를 않았었다. 하늘 높은 줄 몰랐던 나의 자존심과 자부심이 곤두박질쳐져서 땅위에 내동댕이쳐진 기분이었다.

그날 나는 면접을 어떻게 보았는지도 모른다. 그저 빨리 현실에서 도망치고 싶을 뿐이었다. 그날 저녁, 나는 쓸쓸한 기분을 위로하기

위하여 종로의 뒷골목에서 혼자 소주잔을 기울이고 있었다. 그때 동영이의 전화가 왔었다. 나는 전화를 받지 않았다.

그해의 마지막 공채 시험이었던 다국적 은행의 결과도 불합격으로 끝나고 말았다. 그리고 추운 겨울만큼이나 혹독한 낙담과 좌절의 계절 속으로 나는 빨려 들어가고 있었다.

지금 돌이켜보면, 동영이가 승리자였다. 그에게는 긴 실행의 전략이 있었고, 나는 순간순간 허울과 반짝임에 고무된 삶을 보내고 있었다. 지난 시간을 생각하자니 이마에서는 식은땀이 흐르고 있었다.

"태산 씨! 안색이 별로 안 좋아 보이네. 피곤한 것 같으니 오늘은 여기서 마무리합시다."

장 감독의 말에 나는 현기증을 느끼며 자리에서 일어섰다.

"젊은 양반! 이거 내가 만든 김치전이니까, 집에 가서 드셔."

나는 검은 비닐봉지에 한가득 김치전을 담아주는 할머니의 말이 들리자 비로소 정신을 가다듬을 수가 있었다.

어둠이 일찍 몰려온 소읍의 하늘에도 수많은 별들이 반짝이고 있었다. 어디선가 몰려 온 서늘한 산바람이 나의 정신을 초롱초롱하게 깨워주고 있었다. 숙소로 돌아온 뒤에도 장 감독으로부터 들은 이야기가 머릿속에서 계속 맴돌면서, 지금까지 살아온 내 삶의 궤적이 눈에 어른거렸다. 가을이 깊어 가는 듯 밤새 바람은 쉬지 않고 문을 흔들다 사라지곤 했다.

깊은 고뇌와 반성 탓인지, 바람 탓인지, 나는 그날 밤 잠을 못 이룬 채 새벽을 맞이하고 있었다. 마음속에서는 나의 그라운드로 나가기 위하여 일어나려는 나의 의지가 꿈틀대고 있었다.

하나의 본질로 돌아가라!

관계
역동성

和而不同
화합하되 서로의 다름을 존중한다

존중과 화합의 그라운드

그즈음 강원도의 날씨는 아침저녁으로 쌀쌀해지고 있었다. 강산고의 럭비구장에는 한 잎 두 잎 플라타너스의 넓은 잎들이 떨어져 이리저리 뒹굴기 시작하고 있었다. 내가 그곳에 내려온 지도 어느덧 석 달이 넘어가고 있었다. 럭비팀 학생들과 삼겹살 파티를 하고 난 일주일 뒤, 강산고 럭비구장에서는 시합이 있었다. 다음 해에 있을 전국체전에 참가할 강원도 고등학생 대표 선발과 동계 일본 청소년 럭비 교류 대표 선발을 겸한 경기로, 상대는 얼마 전에도 친선경기를 했던 이 지역 최강이라는 제일고였다.

장 감독의 팀은 모두가 모여서 '까마테, 까마테! 까오라, 까오라! 하자! 가자! 함께 가자! 하카!'를 힘차게 외친 후, 각자 자기 포지션으로 달려가기 시작했다. 그날도 나는 강산고 벤치에 앉아서 경기를 지켜보고 있었다.

전반전은 제일고의 선취 트라이를 시작으로 제일고 쪽으로 경기가 기운 듯한 양상을 보였다. 제일고가 두 개의 트라이를 성공하고 강산고가 한 개를 성공한 가운데 전반전이 끝났다. 장 감독은 학생들을 모아놓고 전반전의 작전에 대해 피드백을 하기 시작했다. 그런데 별로 지적이 없었다. 단지 학생들에게 "전체적인 공간 활용은 잘 되었다고 생각하니?", "공격 시 다른 선수들의 적극적인 협력은 어땠다고 생각하니?", "후반 공격은 어떻게 하면 좋겠니?" 같은 질문만 던졌다.

재미있는 것은 장 감독의 질문에 학생들은 전혀 주눅 들지 않은 채 다양한 자신들의 의견과 전술을 내놓고 있다는 것이었다. 아마도 강산고 럭비팀은 그들의 목표를 국내의 학교들이 아니라 최강의 뉴질랜드 고등학교 팀으로 설정한 채 연습한 영향도 있었을 것이다.

그때 반대편에서 갑자기 큰소리가 들려왔다. 학부모들이 보는 가운데 제일고 감독이 줄지어 서 있는 학생들을 향해 소리를 치고 있었다.

"야, 이 머저리 같은 놈들아! 경기를 그렇게밖에 못해! 쟤들은 아마추어란 말이야. 이게 점수야? 장난이지!"

제일고 선수들은 아무 말 없이 그저 땅바닥만 응시하고 있었다. 그 광경을 바라보던 장 감독이 씁쓸한 표정으로 말했다.

"저 제일고 감독도 대학시절 국가대표를 지낸 선수 출신입니다. 하지만 정신이 이끄는 럭비를 경험한 적이 없는지라, 지도자가 되어서도 저런 모습을 보입니다.

럭비가 신사운동이고 귀족들의 운동이라고 하는 것은 언행에 있어서의 자기절제가 기본이기 때문인데, 가끔씩 벌어지는 저런 현실을 볼 때면 안타깝습니다. 세월이 지나고 저 자리를 물러나는 언젠가 깨닫겠지요. 자신이 그렇게 매달려 온 럭비가 숫자의 운동이 아니라 삶을 상징하는 깊은 철학의 운동이었다는 것을요."

후반전이 시작되자 감독의 질책이 효과가 있었던 듯 제일고의 공격이 매섭게 진행되었다. 공격이 오른쪽으로 펼쳐지자, 왼쪽에 있던 수비와 공격이 점점 오른쪽으로 몰리기 시작했다. 제일고의 하프가 공을 잡아 왼쪽의 자기 선수에게 길게 날렸다. 절체절명의 위기였다.

그 순간이었다. 어느 사이에 동호가 패스의 공간을 자르며 달려들어 먹이를 낚아챈 솔개처럼 공을 잡고 앞으로 달려가고 있었다. 그 광경을 바라보던 양쪽의 벤치에서 탄성과 아쉬움의 한숨이 동시에 터져나왔다. 제일고 선수들이 당황한 틈을 타 동호는 더욱 앞으로 내달렸다. 뒤늦게 날렵한 몸매의 제일고 선수가 뒤를 추격하기 시작했다.

트라이 라인이 얼마 남지 않은 지점에서 간격을 좁힌 제일고의 수비수가 동호를 향해 몸을 날렸다. 동호는 허리를 잡히면서 그라운드에 나뒹굴었다. 그러나 나뒹구는 동호의 손에 잡힌 볼은 트라이라인

안쪽을 찍고 있었다. 동호를 따라왔던 제일고 선수가 억울함에 헤드기어를 벗어 그라운드에 내동댕이쳤다. 장 감독의 벤치에서 환성이 터져나왔다.

동호는 볼을 꼭 쥔 채 누워서 숨을 씩씩 몰아쉬고 있었다. 그 얼굴에서 행복한 웃음이 배어나왔다. 뒤이어 H골대[1] 앞에서의 어드밴티지 킥[2]이 멋지게 성공을 하였다. 절대열세라고 생각했던 강산고가 역전을 하는 의외의 결과가 눈앞에 펼쳐졌다.

시간이 지날수록 제일고의 공수는 서로에 대한 실망감이 큰 듯 호흡이 안 맞기 시작했고, 제일고의 감독은 불안한 듯 머리만 계속 매만졌다. 결국 경기는 개인기보다는 조직적인 협력 플레이가 돋보인 강산고의 승리로 돌아갔다.

---

1 럭비의 골대는 모양이 H형이라서 H골대라고 호칭한다.
2 트라이를 성공시 트라이를 찍은 지점의 직선후방에서 킥을 하여 H골대 위로 넘어가면 보너스 점수 2점을 준다.

분열과 갈등을 치유하는 노 사이드no side 정신

심판이 경기종료의 사인을 보냈다. 양손을 X자로 한 채 주심은 '노 사이드no side!'란 생소한 말을 외쳤다. 그 순간 경기장에는 조용한 침묵이 몰려오기 시작하였다. 제일고 선수들은 충격을 받은 듯 운동장에 한참을 주저앉아 있었다. 잠시 후 감독의 사인이 있자 힘없이 몸을 일으킨 제일고 선수들은 양쪽으로 도열하여 터널을 만들기 시작했다. 그러자 그 안으로 강산고 선수들이 걸어 들어가기 시작하고, 제일고 선수들은 그 사이를 걸어가는 강산고 선수들을 향해 박수를 쳤다.

이어서 그 터널을 빠져나온 강산고 선수들이 다시 터널을 만들고는, 그 사이를 지나가는 풀 죽은 제일고 선수들을 박수로 격려했다. 그 광경을 지켜보던 장 감독이 말했다.

"멋지지 않습니까? 경기가 끝나면 서로가 서로를 격려하고 축하하는 저 모습. 저게 바로 럭비의 멋이죠. 경기가 끝나면 그곳엔 경쟁자들은 사라지고 오직 럭비를 하는 사람들만 남죠. 그래서 럭비 선수들은 스스로를 럭비를 하는 동지란 의미에서 러거라고 부르지요. 저게 바로 대립과 분별의 의식을 내려놓고 하나의 본질로 회귀하는 노 사이드no side입니다."

"네? 노 사이드라고요? 그게 무슨 의미죠?"

　"태산 씨는 거친 럭비시합 중에 선수들이 집단 패싸움을 벌이고
관중들이 집단 난동을 부렸다는 뉴스를 들어보신 적이 있나요?"

　"그리고 보니 어떤 운동보다도 와일드한 럭비가 패싸움이나 집단
난동을 부렸다는 소식을 들어본 적은 없는 것 같네요. 저 정도의 격

렬한 운동이라면 분명히 감정적 대립이 심할 텐데요. 생각하니 신기하네요."

"그렇죠. 그래서 럭비가 신사운동이라고 하는 이유입니다. 럭비경기가 끝나면 심판은 큰소리로 외치죠. '노 사이드'라구요. 그것은 서로 대립과 경쟁의 시간에서 너와 나의 분별이 사라진 하나의 본질로 돌아간다는 냉정한 선언을 담고 있지요.

그 노 사이드의 외침이 있는 순간, 너와 나의 분별은 없어지고 단지 럭비공 하나를 가지고 그라운드를 누비던 러거만이 그라운드에 존재하게 됩니다. 이런 정신을 이해하지 못한 채 폭언이나 폭력을 보인다면 그 선수나 팀은 럭비선수로서의 생명은 끝이 나는 것이지요. 상호 승리를 다투는 격렬한 경쟁과 도전의 열정 뒤에 존재하는 본질은 결국은 하나라는 평화로운 동지 의식이지요."

"태산 씨, 국가대표들이 럭비시합을 나가면 가슴에 어떤 표식을 달고 나갈까요?"

"글쎄요. 그거야 당연히 그 나라의 국기를 가슴에 붙이고 나가지 않을까요?"

나의 답변에 장 감독은 그럴 줄 알았다는 듯이 씨익 미소를 보냈다.

"아닙니다. 자기 나라의 국기를 가슴에 달고 나올 수는 없어요. 그것은 럭비가 지향하는 노 사이드 정신에 어긋나기 때문이지요. 럭비의 정신으로 볼 때 그것은 럭비를 하러 온 것이 아니라 자기나라만의 영광을 위해서 온 사이드 십side ship으로 간주됩니다. 국가대항전의 경기를 잘 보시면 알 것입니다. 오직 그 나라 국가대표를 상징하는 심볼만 가슴에 부착한 채 경기를 하는 모습을요. 우리나라의 경우는 무궁화를 달고 나가지요."

럭비가 품고 있는 재미있는 철학과 에피소드에 나는 귀를 쫑긋한 채 집중을 하고 있었다. 거칠고 지루한 운동으로만 여겼던 럭비의 고귀한 전설을 발견한 기분이었다.

장 감독은 계속 노 사이드에 관련된 말을 이어갔다.

"이런 측면에서 볼 때 오늘날 대한민국은 성숙한 민주주의의 특징인 상호 존중의 노 사이드십이 아니라 상호 배타적인 사이드 십이 지배하는 시대에 서 있습니다. 선거철이면 상호 비방과 살의에 가득 찬 후보와 지지자들의 토론과 구호를 보노라면 섬뜩할 때가 많습니다. 결국은 하나의 궁극적인 목적을 위해 나온 선의의 경쟁자나 파트너가 아니라 서로 다른 목적을 위해 존재하는 영원한 파멸의 대상으로 상대를 바라보는 살기등등함이 넘치곤 하지요.

노 사이드 정신은 보다 정신적으로 성숙한 사람들의 철학입니다. 그리고 성숙한 사회의 철학입니다. 진정한 평등과 소통의 철학이지요. 자기중심의 세계관과 대립과 분열의 이분법적인 사고를 가진 미숙한 생명의 노래가 아니라 상생적 관계관, 시스템으로의 상호존재의 이해, 통합과 본질의 동일성으로 세계와 자신을 인식하는 성숙한 생명들의 노래입니다. 언젠가 이 땅에도 증오와 대립의 음습한 기운들이 걷히고 생각은 달라도 하나의 목적을 향해 나아가는 서로에 대한 성숙한 존중과 이해가 존재하는 성숙한 시대가 오겠지요. 어차피 역사는 완성이 아니라 지향의 과정이니까요."

장 감독의 말이 끝나자, 나도 장 감독도 아무 말이 없었다. 이 시대를 럭비의 노 사이드정신에 비춰보자니 답답한 마음만이 들었기 때문이었을 것이다. '우리'보다는 오직 '나'만의 가치가 창궐하고 이분법적 사고에 몰입된 오늘날의 시대에 있어서, 노 사이드 정신은 참으로 신선한 느낌으로 내게 다가섰다. 분단, 갈등, 통일의 화두가 범벅이 된 오늘날의 대한민국의 통합에 있어서 참으로 필요한 정신적 가치의 활로를 저 노 사이드정신이 제공해줄 것으로 보였다.

나는 비로소 럭비를 왜 신사적인 운동이라고 하는지 알 것 같았다.

"저 그라운드를 보십시오. 얼마나 평화롭습니까? 그라운드에는 수억 겁의 우주와 생명의 역사가 암석이 되어 흙이 되어 그 자양분이 잔디를 키우고 있습니다. 언젠가 우리 모두는 하나의 길을 가게 될 겁니다.

인간은 이 짧은 시간 속에서 너와 나를 가르다가 조용히 저 그라운드에 몸을 눕힙니다. 그리고 그 갈등의 객체들은 본래의 자리로 분해되어 하나의 본질로 돌아가죠. 이를 두고 천지동근이라고 말하는 것이죠. 내가 옳니 네가 옳니 해도 결국 한 발자국 물러나서 인류의 역사라는 관점에서 보면 이 시대의 갈등의 당사자들인 너와 나는 그 역사란 건물의 한 귀퉁이를 구성하는 한시대의 벽돌들이죠. 그런 차원에서 너와 나를 가르고 싸움만 하는 인간의 반복적 현실은 자기본질에 대한 자학이라는 슬픈 모순을 갖고 있을 뿐이죠.”

화이부동 和而不同

노 사이드의 원칙은 감동적이고 아름다우면서도 내게는 약간의 불편함이 심리적으로 요동치고 있었다. 감정을 가진 인간의 한계 속에서 어떻게 성인과 같은 절대 존중의 실천이 가능할까하는 의문이었다. 나는 이런 속마음을 털어놨다.

“장 감독님. 노 사이드가 인간의 세상에서 실현된다면 세상은 평화가 구현될 것이라고 봅니다. 그러나 다양한 상황과 천차만별의 사람들 속에서 감정을 조절하며 노 사이드를 실천할수 있는 방법이 있을까요?”

장 감독은 나의 질문에 고개를 끄떡이며 답변을 이어나갔다.

“좋으신 질문입니다. 앞서 설명한 이타성에 기반 한 가치역동성과 지금 이야기하고 있는 노 사이드의 관계역동성은 매우 어려운 가치라서 누구나 쉽게 실현하기 어려운 것이 사실입니다. 그래서 이 두 가지의 역동성의 성숙변수라고 저는 설명을 하죠. 그러나 힘들다고 포기할 수 없는 인류의 성숙과 평화를 위한 절대가치죠.

노 사이드의 종교적 측면은 무한 사랑의 경지겠죠. 예수나 석가모니의 경지에서는 자연스럽게 실현되는 세계입니다. 그러나 일반적인 우리들 삶속에서의 실천은 그 정도의 종교적 경지를 구현하자는 것도 아니고 현실적으로 불가능한 이야기일 것입니다. 그래서 이런 고민에 대한 해답을 내놓으신분이 계시죠. 바로 공자입니다. 공자는 논어에서 인간관계의 지혜를 화이부동이라고 표현하였습니다.

화이부동和而不同이란 자신의 주관을 지키되 자신의 주관만을 고집하지 말고 주변의 다양성과 조화를 이루라는 의미입니다. 그렇습니다. 우리는 어떻게 건강한 인간관계를 유지할 수 있을까요. 초월일까요? 아니면 자기감정과 사고체계의 부정일까요? 우리에게 필요한 관계의 지혜는 초월도 부정도 아닌 자신의 주관을 명확히 하되 다름을 이해하고 존중하는 건강한 태도가 우리가 일상에서 실천할 수 있는 관계의 전략입니다. 주변을 잘 살펴보면 존경받는 삶을 사는 사람들의 관계전략이 화이부동이란 것을 알 것입니다.

노 사이드란 개인의 가치나 사회의 가치를 파괴하려는 의도를 가진 개인과 집단마저도 포용하라는 이야기는 아닙니다. 다르지만 그 가치나 서로에게 파괴적 관계에 놓이지 않은 다양한 개인과 조직에 대한 이해와 접근 방식을 이야기하는 것입니다.

그 누구라도 자신의 가치를 위하여 우리들의 가치를 파괴하려 한다면 엄정하게 대처하세요. 그러나 단지 다르다는 것으로 분별의 Side ship을 보여서는 안됩니다.

진정한 상생과 조화는 다름 속에서 만들어집니다. 상생적 다름은 사회를 견고하게 만듭니다. 이를 일찌감치 조직팽창전략으로 사용한 것이 로마였습니다. 그들이 다른 문화권의 점령지 사람들을 노 사이드 전략으로 받아들이지 않았다면 로마제국은 만들어지지 않았을 것입니다. 로마제국은 로마부족의 나라가 아닙니다. 로마인이 주도한 다양한 문화권의 조화가 만들어진 영향권을 의미합니다. 그러나 노 사이드의 철학이 사라지면서 로마는 몰락하기 시작했습니다.

우리가 북한을 바라보는 것도 노 사이드 관점에서 바라보아야만 합니다. 우리의 가치를 파괴하려는 북한정권과 그 정권에 예속된 북한동포는 다른 차원에서 접근해야만 합니다. 북한정권에게는 side ship이 타당할지라도 북한 동포는 철저히 no side관점에서 이해하고 대해야만 합니다. 우리의 통일은 단순한 지리적 통일만을 의미하지 않습니다. 상호 정서적 통일이 안된다면 그 통일은 불행을 잉태하게 될 것입니다. 통일의 시점에서 우리가 가장 중시할 과제는 통일소요비용이 아니라 상호간의 정서적 간격과 우리안의 천박한 차별의 시각을 어떻게 극복할 것인가의 문제입니다. 진정한 통일은 지리공간적 통일을 넘어 정서적 통합으로 이어질 때 비로소 완성이 됩니다.

제가 이야기하는 이야기가 실제로 구현된 사례가 있지요. 몇 년전 상영된 영화 '인빅터스'에서도 소개된 이야기입니다. 남아공화국 최초로 흑인 대통령 만델라가 탄생하였지만 그 사회는 분노와 갈등의 side ship이 지배를 했지요. 마침 그해에 럭비월드컵이 남아공화국에서 개최되고 만델라는 남아공의 통합을 위하여 백인중심으로 구성된 럭비국가대표팀을 찾아가 진정성 있는 화합과 협력을 구합니다. 결국 그해 남아공이 우승을 하고 흑백의 증오를 넘어 남아공에는 하나의 no side 기적이 일어나죠. 현재의 우리사회와 미래의 통일을 꿈꾸는 우리들에게 시사 하는 바가 큰 사례입니다."

서늘한 가을날, 나는 너와 내가 사라진 평화를 느끼고 있었다. 지난 시간 그 거친 긴장과 갈등과 좌절은 경쟁과 탐욕의 사이드 십이 만든 결과였다. 하나의 본질로서 세상과 나를 바라본 순간 모든 것은 착하고 아름답고 평화로운 소통의 시간이 되어 강으로 흐르고 있었다. 아름다운 가을날의 오후였다.

성장을 넘어 성숙으로!

럭비처럼!

이별의 막걸리

　11월로 접어들자, 첫 주부터 첫눈이 내리기 시작했다. 제법 많은 눈이 깨끗한 순백의 세계를 만들어내고 있었다. 아침에 눈을 뜨자마자, 창문너머로 내리는 눈을 바라보며 커피 한 잔을 타서 마셨다. 기나긴 방랑 끝에 돌아와 문 앞에 침묵으로 서 있는 사랑을 마주하듯, 나는 커피 한 잔을 마시며 내리는 눈을 하염없이 바라봤다. 참으로 포근하고 편한 시간이었다.

　'그래, 이제 돌아가자. 저 눈이 세상을 포근하게 덮어주듯, 이제 나의 지난 시간을 덮고 나의 그라운드로 돌아가자. 나는 인생의 그라운드에서 럭비처럼 살리라. 다시는 그라운드에서 도망치지 않으리라.

　온전히 내 앞에 닥쳐오는 모든 것들을 담담히 긍정적으로 받아들이고 넘어서리라. 세상을 향한 기대를 거두리라. 나를 향한 기대로써 살아가리라. 너무 기뻐하지도 않으리라. 너무 슬퍼하지도 않으리라. 그 누구의 탓도 하지 않으리라. 그저 묵묵히 더불어 앞으로 나아가리라. 내 삶의 밤낮을 온전히 사랑하며 하늘이 '노 사이드'를 외치는 그날까지 묵묵히 감사하고 긍정하며 나아가리라. 내 삶의 그라운드에서.'

이제 떠나야 할 때임을, 나는 첫눈을 보며 직감하기 시작했다. 그날 오전 내내 나는 짐과 일기를 정리하면서 시간을 보냈다. 오후가 되자 눈발은 잠잠해졌다. 간간히 지나가는 산판 트럭의 철거덕 거리는 체인소리만이 규칙적으로 눈 내린 마을의 숙연함을 깨고 있었다. 하늘 위로 솔개 한 마리가 배회를 하고 있었다. 나는 간단히 점심을 해결한 후 눈 쌓인 읍내를 지나 장 감독이 있는 강산고를 향해 걸어갔다.

H골대가 바람에 윙윙대며 서 있는 운동장에는 눈만이 적막하게 쌓여 있었다. 그라운드를 서성거리자니 저 멀리서 학생 하나가 뛰어왔다.

"안녕하세요! 동호예요!"

나는 반가움에 동호에게 안부를 물었다.

"어, 그래. 동호구나. 잘 지냈지? 장 감독님은 어디에 계시니?"

"요즘은 운동 시즌이 끝나서 자택에 계시는 것으로 알고 있는데요."

"응, 그랬구나. 동호야, 다음에 또 보자. 나는 내일 서울로 올라간다."

내 말에 잠시 서운한 듯 표정을 짓던 동호는 한 마디를 내게 던졌다.

"내년에 또 뵈면 되죠, 뭐. 건강하십시오."

말을 마친 동호는 밟아 온 눈길을 다시 되돌아 달려갔다. 나는 교실로 사라져가는 동호의 모습을 지켜보며 나는 속으로 외쳤다.

'그래, 고마웠다! 너희들은 나의 스승이었어!'

나는 천천히 눈이 쌓인 읍내를 빠져나와 외곽에 있는 장 감독의 집을 찾아갔다. 개 짖는 소리에 사모님이 조심스럽게 얼굴을 내밀더니, 나를 알아보고는 따뜻한 미소로 반겨주었다. 마침 장 감독은 집에 있었다. 나는 사모님이 내온 차를 마시며 장 감독에게 서울로의 귀환을 알렸다. 장 감독은 그럴 줄 알았다는 듯 고개를 끄덕였다.

그날 저녁 우리들은 시외버스터미널 골목길에 있는 할머니 집에서 빈대떡을 안주 삼아 송별의 잔을 기울였다.

할머니도 내가 떠난다는 얘기를 듣고는 못내 아쉬운 듯 혼자 중얼거렸다.

"다 필요 없어, 세상은 정줄 것이 못 돼. 다 때 되면 저렇게 떠나니……. 안 그렇수, 장 선상?"

서운함을 담은 그 말에 나는 덥석 할머니의 손을 잡았다.

"할머니, 정말 고마웠어요. 내년에 꼭 다시 올 게요."

눈이 내려서 쌓인 소읍에는 일찌감치 차량과 사람들의 발길이 끊겼다. 막걸리집 뒷골목에서 들려오는 개 짖는 소리만이 눈 내린 소읍을 덮고 있는 밤의 적막을 깨트려주고 있었다.

막걸리집의 낯설움이 이제는 가장 친근한 나의 일부가 된 지 오래였다. 무표정하지만 따뜻한 정이 흐르는 주인 할머니, 세월을 이야기하는 색 바랜 페인트의 글씨가 쓰여 있는 미닫이문, 고단한 사람들의 역사가 담긴 찌그러진 양은주전자, 양은막걸리 잔, 찌거덕거리는 시계조차도 내 삶의 한 때를 장식하던 잊지 못할 아름다운 풍경이었다.

나는 막걸리 한 잔을 천천히 마시며 주변의 모든 것들을 감회 어린 눈빛으로 살피기 시작하였다. 하나하나 내 마음속에 담아가고 싶었다. 푸짐한 파전을 한 젓가락 뚝 집어서 입에 넣었다. 파의 향긋한 향기가 입 안 가득 퍼지며 행복이 씹히고 있었다. 말없이 막걸리 잔을 기울이던 장 감독이 내게 질문을 던졌다.

완성의 환상에 질식당하지 마라!

"태산 씨! 나와의 시간 속에서 제가 한 이야기 중에 궁금한 점은 없었나요? 그 모든 것을 실천할 자신감은 있나요?"

마침, 내가 의중에 품고 있던 질문을 건드리는 질문인지라 나는 나의 궁금증을 이야기하였다.

"감독님, 지금까지 감독님께서 들려주신 럭비가 품은 역동성의 원칙들은 제 삶을 돌아보게 하고 새로운 저의 방향을 세우는 데 많은 도움이 되었습니다. 그런데 한 가지 궁금한 점은 그런 원칙들이 과연 평범한 사람들이 실천할 수 있는 것들인지 하는 생각이 들어요. 그 모든 것을 다 실천하고 있는 사람이 있다면 그는 성인의 반열에 오른 사람이 아닐까요?"

"제가 원하던 질문을 했군요. 맞습니다. 종교적 삶이 아닌 현실의 삶에서 이 모든 것을 완벽하게 완성한 사람은 없습니다. 그런 조직도 없습니다. 다만 원칙을 지향하는 사람들과 조직만이 있을 뿐이지요. 저는 성인의 삶을 이야기하지 않았어요. 성취하는 사람들의 삶을 이야기한 것이지요. 그것은 완성이 아니라 지향하는 삶입니다. 우리의 삶은 무엇을 완성하였냐가 아니라 무엇을 지향하였는가에 따라서 그 성패가 결정되어지거든요.

인간의 길에서 완성의 환상에 빠지지 마세요. 그것은 인류의 숙원인 무한동력을 꿈꾸는 것과 같습니다. 그동안 제가 이야기한 5가지의 역동성은 위대한 인류의 특성입니다. 그들이 오늘의 문명을 만들고 그들이 내일의 진보를 만들어 낼 것입니다.

럭비의 트라이정신처럼 담담하고 부단히 원칙 지향의 길을 향해 걷다가 어느 날 뒤 돌아보면 내 뒤에서 길이 나를 따라 오는 것을 발견할 것입니다. 그것이 아름다운 인간의 길이지요. 애초에 길은 없었으니까요.

변화 역동성의 원칙을 지향하는 사람과 조직은 생명이 넘칩니다. 성과와 성장은 위대합니다. 그러나 성숙을 품은 성장과 성숙은 아름답습니다. 지금 우리에게 필요한 것은 성과와 성장을 만드는 환경,

방향, 실행의 변화 역동성을 넘어 성숙을 만드는 가치와 관계의 변화 역동성입니다. 성장을 넘어 성숙의 역동성을 지향하는 순간 모든 개인과 조직은 이미 위대한 역사를 만들고 있는 것입니다.

완성에 질식당하지 마세요. 우리는 이 땅에 표현하려고 왔지 완성하려고 온 것이 아닙니다. 그 완성은 신에게 맡기시고 부단히 흔들림 없이 역동성의 가치를 추구하는 길을 걸어가세요. 그 것이 인간의 길입니다."

저질러야 수습이 된다

"네. 무슨 말씀인지 알겠습니다. 그러나 의지가 부족하여 지향하려고 해도 실천이 잘 안 된다면 그때는 어떻게 해야 할까요? 시중의 많은 담론과 책들이 원칙을 이야기하지만 문제는 완벽한 실천을 전제로 이야기가 펼쳐지더군요. 그 이야기들을 잘 살펴보면 현실성이 떨어진 관념적 이야기거나 경험해보지 않은 자들이 만드는 삶의 고통을 잠시 비켜가려는 행복한 환상을 만드는 몰핀 같더군요.

저도 제가 직접 눈으로 보고 몸으로 경험하며 감독님의 럭비철학을 배우지 않았다면, 이 또한 관념적인 원칙으로 생각을 했을 것입니다. 아마도 그랬다면 장 감독님 또한 시중의 말장난꾼들이나 정치꾼들처럼 관념적 몰핀을 파는 시정잡배로 생각했겠지요."

"하하! 고맙습니다. 저를 좋게 평가해줘서요. 우리가 못 만났더라면 큰일날 뻔했네요. 좋은 질문입니다. 경험하지 못한 원칙, 검증되지 않은 원칙은 항상 리스크를 안고 있지요. 제가 럭비의 패러다임과 참된 실행의 원칙을 럭비를 통해서 설명했지만 실행이 되지 않는다면 안방에서 사람이 죽어가도 다락에서 썩어가고 있는 백 년 된 산삼과 같지요. 실천의 문제에 봉착했을 때, 해결방법이 있습니다. 그것은 상황 속에 나를 무조건 던져놓고 저지르는 것입니다.

농부는 여름날 비가 오면 어떻게 하는지 아십니까? 무조건 삽을 들고 논을 향하여 빗속을 걸어갑니다. 그것이 전부입니다. 의지가 부족하여 게을러서 잘 안 된다면 무조건 상황 속에 던져놓으세요. 운동을 하고자 하면 그냥 신발 간단히 갈아 신고 밖으로 나가세요. 외국여행을 하고 싶다면 무작정 외국행 티켓을 끊으세요. 사랑하는 사람이 있다면 표현하세요. 커피 한 잔 사고 싶다구요.

세상은 스스로 오지 않습니다. 내가 가야만 합니다. 마호메드가 그랬다지요. '산아 이리와라!' 그러나 산이 안 오니까 다시 이렇게 이야기했답니다. '그럼, 내가 가마!' 얼마나 호쾌한 호연지기입니까. 기다려서 올 것은 버스밖에 없습니다. 저질러야 수습이 됩니다.

가치가 건강하고 순수하다면 저지르세요. 세상 모든 성취의 역사는 가치를 향하여 저지른 자의 역사이지 가치를 품고 머뭇거린 자의 역사가 아닙니다. 그러나 그것은 앞에서 제시한 변화역동성의 원칙에 기반한 저지름이었다는 것을 또한 기억해야 합니다. 저는 개념 없고 불순한 시정잡배의 사회파괴적 저지름을 이야기하는 것이 아니니까요."

내 주변을 어른거리던 의문의 그림자들이 눈 녹듯 사라지고 있었다. 참으로 마음속에서 어떤 강박도 사라진 편안한 희열이 차오름을 느꼈다. 그저 감사와 존경의 눈빛으로 장 감독을 바라보고 있었다.

질문과 답이 오간 후 우리는 서로 말이 없었다. 서로의 정과 감회를 정리하려는 듯 창밖을 바라보고만 있었고, 서로가 서로의 마음을 다 알고 있는 듯, 서로 눈이 마주칠 때면 미소만 지었다. 중요한 원칙을 다 보여주었고 중요한 원칙을 다 받아들였기에 그 순간엔 침묵이 가장 편안한 교류의 방편이 되고 있었다.

그렇게 그 소읍에서의 마지막 밤은 정다웠던 골목길 막걸리 집에서 첫눈과 함께 지나가고 있었다.

성장을 넘어 성숙으로!

　다음날 나는 머물던 집을 관리해주던 동네 사람과 작별인사를 한 후, 오전 열 시 기차를 타려고 영월역으로 걸어 나갔다. 간간히 바람이 길가의 눈을 불어내고 있었다. 하늘에는 기류를 타고 먹이를 찾는 솔개가 오래도록 선회하고 있었다.

나무 울타리로 둘러싸인 작은 역사 안에 들어섰을 때, 나는 깜짝 놀라고 말았다. 거기에는 장 감독과 사모님, 그리고 강산고 럭비 선수들이 모두들 작별인사를 하려고 나와 있었다.

나는 감동과 미안함에 어쩔 줄을 몰랐다. 그들과 헤어져 눈이 꾸덕꾸덕 쌓인 철길로 나설 때, 장 감독은 내게 보자기에 싼 무엇인가를 내밀었다.

"강태산 씨, 선물입니다. 나중에 풀어보세요."

나는 그의 따뜻한 호의에 몇 번인가를 되풀이하여 감사의 말을 전한 후, 역사로 들어오는 기차를 향하여 뛰어갔다. 기차에 올라 밖을 내다보니 간간히 불어오는 바람이 이리저리 눈을 쓸어대는 역사 앞에서 일행은 손을 흔들고 있었다.

나는 난간에 서서 그들에게 손을 흔들었다. 나의 눈가엔 눈물이 촉촉이 맺히고 있었다. 꿈 같은 머묾이 있었던 강원도 소읍의 풍경이 꿈결처럼 저 멀리로 시야에서 멀어지고 있었다. 좌석으로 돌아온 나는, 한참 동안을 눈을 감은 채 추억에 빠져 있었다.

기차가 제천역을 통과할 무렵, 나는 장 감독이 준 선물이 궁금해져서 보자기를 풀었다. 거기에는 놀랍게도 장 감독의 거실에 있던 "인생은 럭비다"라는 글이 쓰여 있던 럭비공이 들어 있었다. 그리고 그 밑에는 한 장의 편지가 가지런히 놓여 있었다.

태산 씨

동영이가 태산 씨의 사정 이야기를 하면서 도와주었으면 한다는 부탁을 받았지만, 솔직히 처음에는 자신이 없었습니다.

그러나, 럭비를 통하여 설명한 역동성의 원칙들을 태산 씨가 이해하고 받아들이는 것을 보면서 저도 확신을 갖고 깊은 이야기를 할 수 있었지요.

태산 씨도 저와 함께 이 한 철 동안 정신적 럭비를 했던 것입니다. 그것은 인생이라는 그라운드의 럭비였습니다. 우리가 지난 계절 동안 이야기를 나눈 것은 성장을 만드는 환경역동성, 방향역동성, 실행역동성과 성숙을 만드는 가치역동성, 관계역동성의 원칙이었습니다. 부디 성장을 넘어 성숙을 만드는 인생을 만드시기 바랍니다.

그런 의미에서 어린 날 제게 힘을 주셨던 은사님이 주신 공을 태산 씨께 드립니다. 제가 이 공을 통해 다시 새로운 인생을 살아갈 수 있었듯이 태산 씨도 이 공을 통해 새로운 인생의 플레이어가 되시기 바랍니다.

그리고 언젠가는 그라운드의 지혜를 많은 이들에게 나눠주시기 바랍니다.

저에게도 지난 한 철은 그동안의 삶을 되돌아보고 정리하는 의미있는 시간이었습니다.

건투를 빕니다.

"인생은 럭비입니다."

편지를 다 읽은 나는 기차가 청량리역에 도착할 때까지 장 감독이 선물한 럭비공을 만지고 또 만졌다. 낡은 공 표면에서 그의 은사님과 그의 목소리가 두런두런 들리는 듯했다.

그로부터 10년

그 만남으로부터 10년이 흘러갔다. 나는 나의 길을 찾아 걸어가고 있었다. 지난 시간은 끝없이 환경역동성과 방향역동성, 실행역동성을 통하여 성과를 만들던 시간이었고 가치역동성, 관계역동성을 통하여 성장의 가치를 향기롭게 하는 성숙의 시간이었다.

바쁜 시간 속에 나를 던지며 살다 보니 장 감독이 머물고 있는 영월에 내려갈 기회를 갖지 못한 채 시간은 흐르고 있었다. 그나마 서로의 소식을 알 수 있던 것은 가끔씩 이어가던 장 감독과의 통화 덕분이었다. 중국 출장을 가기 며칠 전에도 장 감독과 통화했는데, 지금 이렇게 장 감독의 편지를 받게 되니 감회가 새로웠다. 나는 읽다 만 편지를 마저 읽어 내려가기 시작했다.

편지 속에 단풍이 들어 있어서 의아하게 생각하셨을 것입니다. 며칠 전 집 뒤꼍에 있는 적단풍이 아주 아름답게 물들었더군요. 그 중에서도 멋진 단풍을 하나 따서 강 이사에게 보냅니다.

제가 가르치던 강산고 유니폼의 오른쪽 가슴에 적단풍이 그려져 있던 것을 기억하실 것입니다. 적단풍은 희생의 의미를 지니고 있습니다. 적단풍은 살아서는 푸른잎의 젊음과 붉은 빛의 뜨거운 열정으로 물들어 있다가 아름답게 땅을 물들이며 자신을 내려놓습니다. 그러나 그것으로 자신의 모든 것을 다했다고 하지 않죠. 적단풍은 자신을 내려놓은 그 상황 속에서도 자신의 동족을 보호합니다. 적단풍이 떨어진 자리에는 다른 잡초나 벌레가 접근을 못한다고 합니다.

그런 의미에서 제가 맡은 강산고는 적단풍을 심볼로 사용했고, 어린 학생들은 그 의미를 들으며 성장하고 있죠. 강 이사도 사업이든 인생이든 적단풍과 같이 열정적이며 희생적인 리더로서 살아가시길 기대합니다.

돌이켜보면 10년 전 가을, 이곳에서 함께 나눴던 역동성의 원칙은, 인류의 삶이 지속되는 한, 모든 사람들이 겸허하게 자신을 돌아보며 되새길 진솔한 원칙들입니다. 저 또한 저의 스승으로부터 그 지혜를 배웠고, 저의 스승 또한 그라운드에서 수많은 땀과 피를 뿌렸던 뜨거운 삶의 전설들을 통하여 배웠을 것입니다.

강 이사도 그 지혜의 이야기를 세상에 많이 들려주시기 바랍니다.

한 개인의 참된 성공이란, 한 개인만의 호의호식이 아니라 수많은 생명들에게 희망과 삶의 힘을 제공하는 과정이기 때문입니다. 진정한 리더란 럭비처럼 힘을 키워 세상을 돕는 사람들입니다. 귀한 생각을 품은 자들, 즉 귀족과 같은 사람들입니다. 안팎으로 어수선한 시대에 필요한 것은 성장을 넘어 성숙을 추구하는 변화역동성입니다. 성장은 나를 섬길 때 나오지만 성숙은 나를 넘어 세상을 섬길 때 만들어집니다. 오늘도 강산고 아이들은 외칩니다. 까마헤! 까마헤! 까오라! 까오라! 하자! 가자! 함께 가자! 무슨 의미인 줄 잘 아실 것입니다.

어쨌든 이 인생의 그라운드에서 어떤 일을 하든 성장과 더불어 성숙의 가치를 제공하는 참된 귀족과 같은 리더가 되시길 바랍니다. 그러나 참된 리더의 길은 외로움을 각오한 길입니다.

요즘 돌이켜 생각해보니 우리 삶을 건강하게 지탱하는 지혜가 두 가지로 귀결되더군요. 그것은 감사와 긍정입니다. 세상만사가 수월히 풀릴 때, 우리를 기고만장과 오만의 벼랑이 아닌 겸손의 길로 이끄는 것은 감사입니다. 또한 삶이 고난과 시련에 부딪힐 때 세상과 자기 자신을 불평과 열등의 파괴적 불길이 아니라 상생과 기회의 길로 이끄는 힘은 긍정입니다.

도전과 협력의 가치를 품은 역동적 삶의 길에 이 두 가지의 지혜가 함께 한다면 삶은 시작의 뜻에서 멀어지지 않을 것입니다. 또 말이 길어졌군요. 건강 잘 챙기시기 바라며 조만간 막걸리 한 잔 함께 나눌 날을 고대하겠습니다.

럭비처럼!

편지를 다 읽고 나서, 나는 창가로 다가가 걷히다 만 블라인드를 마저 걷고 하늘을 올려다보았다. 맑은 가을 하늘에는 그 해 가을처럼 흰 구름 무리가 두둥실 떠가며 나를 내려다보고 있었다. 그 순간 구름들 사이로 장 감독의 얼굴이 피어나고 어린 학생들의 구호가 환청처럼 들려오기 시작했다.

'까마떼, 까마테! 까오라, 까오라! 하카! 하카!'

그리고 그 구호 너머로 장 감독의 목소리가 들려왔다.

'강 이사님, 인생은 럭비입니다!

비가 와도 눈이 와도 묵묵히 경기를 하는 럭비처럼, 앞으로 패스를 못해도 불평하지 않고 스스로 몸을 던지는 럭비처럼, 이 인생이란 그라운드에서 스스로 길을 만들고 스스로 빛이 되어 묵묵히 걸어가세요. 때로 외롭고 힘들지만 그 길에 한 생명을 향한 위대한 존재의 뜻이 있습니다.

인생이 힘든 것이 아니라 힘든 것이 인생이기 때문입니다. 참된 인생이란 힘든 것을 걷어내기 위한 길이 아니라 힘든 것을 받아들이기 위한 길을 걸어가는 자들을 위한 표현입니다. 애초에 길은 없었습니다. 한 생명이 나아간 흔적을 바라보며 세상은 '길이 여기에 있다'라고 외칠 뿐입니다.'

'까마테, 까마테! 까오라, 까오라!'

조병화

어느 날 밤
나는 한국럭비선수단에 끼어
멀리 스코틀랜드로 원정을 갔었습니다.
정확하게 밤 한 시
스코틀랜드 팀이 먼저 킥 업을 했습니다.
공은 하늘 높이 스코틀랜드 하늘에 떴다가
내려오자마자 내 가슴으로 안겨들었습니다.
안겨 든 공을 안고 나는 무아경이 되어
적진으로 돌진을 했었습니다.
돌진을 하다 보니 공은 바람이 되다가, 구름이 되다가,
나를 하늘로 하늘로 끌고 올라가다간
땅으로 내려뜨려 버렸습니다.
순간, 나는 잠에서 떨어져서
멍청히 천정만 쳐다보고 있었습니다.
밤 세 시, 실로 황홀과 무서움이
혼전하던 두 시간
침대가 축축히 젖어 있었습니다.

-1993년 6월, ≪월간 럭비풋볼≫ 창간호-

하카 럭비 교육 프로그램

하카 럭비 프로그램은 불확실한 시대의 상황돌파를 가능하게 하는 변화역동성을 함양하기 위하여
리더십, 파트너십 차원에서 개발된 세계유일의 체계적이고 독창적인 교육프로그램입니다.

– 럭비의 실행철학 –

progressive
환경을 긍정하고 극복하라!

긍정적 환경인식의 원칙

all for one
목표에 집중하라!

목표공유의 원칙

one for all
희생하고 협력하라!

희생과 솔선수범의 원칙

no side ship
신뢰하고 존중하라!

상호존중과 신뢰의 원칙

go forward
능동적으로 도전하라!

도전과 실행의 원칙

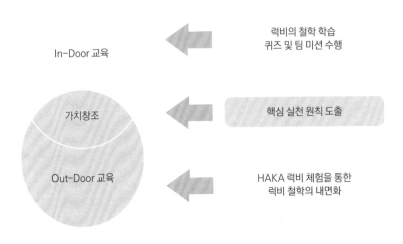

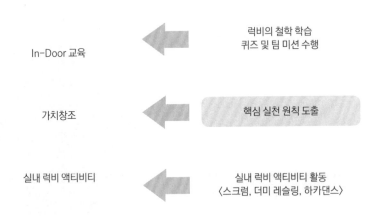

• **교육목표**

   1. 성장과 성숙을 창출하는 변화역동적이고 실천적인 리더십을 함양시킨다.

   2. 변화역동성의 가치를 럭비 시뮬레이션 체험활동을 통하여 훈련하고 교정한다.

   3. 환경돌파에 대한 자신감을 강화시킨다.

• **교육대상**

   – 체계적 이론을 바탕으로 강한 실행역량의 함양이 필요한 조직원

• **교육시간**

   – 기본 8시간, 축소 5시간, 심화 16시간

   – 강사구성: 2명(책임 강사 1명, 필드전문 강사 1명)

• **교육방법 및 도구**

   – 강의, 동영상, 팀빌딩, 필드체험

• **교육내용구성**

주요모듈	세부내용
1모듈 progressive	리더의 환경긍정과 극복의 환경역동성
2모듈 one for all	희생의 리더십(배려, 희생, 헌신, 신념)
3모듈 all for one	리더의 명확한방향과 몰입의 방향역동성
4모듈 no side ship	파트너십(협동)
5모듈 go forward	실행과 도전의 리더십
6모듈 leadership challenge	HAKA 럭비게인을 통한 리더십 전략 체험
7모듈 action plan	피드백 및 액션플랜 수립

• **교육효과**

   – 이론과 체험학습의 병행을 통하여 교육효과와 흥미를 배가시켜 관념적 교육의 한계를 뛰어넘어 실행역량을 강화시키게 된다.

- **교육목표**

  1. 도전적 환경에 대한 능동적 태도를 함양시킨다.
  2. 조직성과 창출을 위한 도전과 협력의 마인드를 강화한다.
  3. 조직 내부의 상호 신뢰와 존중을 내면화시킨다.
  4. 럭비 체험을 통하여 협력과 도전의 가치를 체득한다.

- **교육대상**

  - 도전과 협력 및 상호신뢰의 조직문화 강화가 필요한 조직의 조직원

- **교육시간**

  - 교육시간: 기본 8시간/심화 12시간/축약 5시간
  - 강사구성: 2명(책임 강사 1명, 필드 강사 1명)

- **교육방법 및 도구**

  - 이론 강의, 동영상, 팀빌딩 퍼포먼스(협력 모자이크 팀작업, 도전 하카 댄스), 럭비 체험 및 게임

- 교육내용구성

주요모듈	세부내용
1모듈 optimism & overcome	– 아이스 브레이킹 및 교육 목표 소개 – 21C의 특성과 럭비의 상징성 – 럭비의 룰과 환경인식 – 동영상: 럭비 들여다 보기
2모듈 all for one과 one for all의 장	– 조직과 목적 공유의 이해 – 개인과 목적의 관계 – 럭비의 자기희생과 협력의 마인드 – 동영상: 럭비의 도전과 자기희생 들여다 보기 – 협력 모자이크 퍼포먼스: 단체작업을 통한 협력과 커뮤니케이션의 이해
3모듈 no side 와 go forward의 장	– 상호존중의 노 사이드 정신 학습 – 상호신뢰와 존중의 사례 학습 – 도전과 실행의 중요성 학습 – 도전 하카 댄스: 마오리족의 하카댄스 정신 이해와 댄스 만들기
4모듈 하카 럭비 챌린지 (field)	– 럭비공을 통한 커뮤니케이션 훈련과 팀웍 게임 – 패스훈련과 의미 학습 – 럭비 피구 게임 – 스크럼체험과 조직신뢰 학습 – 럭비 릴레이 게임 – 하카 럭비 게임: 팀 별로 안전한 럭비게임 체험 – 포상과 피드백

- 교육효과
    - 주도적으로 환경을 수용하고 나보다는 전체를 위하여 희생하고 솔선수범하는
      성숙한 조직마인드를 이론과 체험을 통하여 확보하게 된다.

• 수도권에서 1시간 거리, 충주 탄금호 국제 조정경기장을 활용하여 리더십, 스포츠, 역사가 어우러진 변화역동성의 역사가 펼쳐지고 있습니다. 기존의 폐쇄적 연수시설의 패러다임을 깨는 환경은 조직원들로 하여금 호연지기와 힐링을 부수적으로 제공합니다. 초불확실성의 시대, 정체와 무기력의 위협에 직면한 시대에 하카리더십학교-충주는 변화역동성의 에너지를 대한민국에 제공하는 원천이 되고 있습니다.

• 교육 과정: (표준) 2박 3일 과정 / (심화과정) 3박 4일 과정 / (압축) 1박 2일 과정 /

  Out placement 과정

• 추천 인원 : 표준 20명-100명(가감시 맞춤형교육실시)

• 교육 장소 : 강의실 + 운동장 + 조정경기장 + 자연 및 역사 및 문화재시설

• 강사진 : 리더실전문교수, 역사특강교수, 럭비전문강사, 조정 강사, 음악예술 초청강사

1. 환경불굴의 진취성을 키우는 역동성 리더십의 산실이 된다.

2. 도전과 창조, 협업의 가치를 제공하는 가치체험의 도장이 된다.

3. 역사인식을 통하여 우리의 역동성을 새롭게 인식하는 정체성의 도장이 된다.

4. 단순학습의 장이 아닌 구체적 실행의 준비와 시작의 장이 된다.

5. 사회와 조직의 지속발전에 기여하는 정신적 모델을 개발하고 제공한다.

www.haka.co.kr
CP) 010-5557-8805 대표전화: 1522-8809 Office: 031-766-2003
e-mail: donghaebada@hanmail.net

위기돌파
럭비
리더십

도전과 협력의
역동적 리더십

지은이 **김익철**

충북 제천의 박달재 아래 사과 과수원에서 태어나 어린 시절을 보냈다. 대학을 졸업하고 기아
자동차에 입사하여 회사의 흥망을 몸과 마음으로 겪었다. 그 변화의 고통 속에서 기아자동차
인재개발원 전임교수를 역임하며 사람과 교육, 참다운 리더십, 현대인의 삶의 전략에 관심을
기울이기 시작하였다.

그러던 중 럭비를 접하게 되었고, 그 속에 숨어 있는 생존과 발전의 위대한 럭비 철학을 발견
하였다. 이를 세계 최초로 성과차원에서 체계적으로 이론화하였고, HRD 프로그램으로 개
발하여 도전과 협력의 조직문화를 통한 능동적 생존을 모색하는 조직과 개인들에게 제공하
고 있다.

고려대학교 교육대학원에서 기업교육학 석사를, 국민대학교 경영대학원에서 리더십을 전공
으로 경영학 박사학위를 받았다. 현재 기업조직에 실행지향의 리더십문화 및 조직문화를 차
별적 접근을 통하여 제공하는 HRD 조직인 하카 리더십코리아(HAKA Leadership Korea)
의 대표로 있다.

그동안 현대자동차, 삼성전자, 기아자동차, KT 등 유수의 기업과 강원 인재개발원, 새마을 중
앙연수원 등 공공조직에 HAKA의 진취적 철학과 다양한 HRD 가치를 개발하여 제공하는
서비스를 수행하여 왔다.

발전의 정점에서 무기력해지는 한국사회전반에 도전, 실행, 기업가정신에 기반한 한국적 추
진력의 DNA를 제공하는 메카로서의 사명을 다하기 위하여 오늘도 부단히 꿈꾸고 혁신하며
그의 닉네임인 '동해바다'처럼 힘차고 푸른 의지로 출렁거리며 앞으로 나아가고 있다.

홈페이지 **www.haka.co.kr**
이메일 **donghaebada@hanmail.net**